Herderbücherei

Band 1171

Über den Autor

Dr. Joseph Fabry ist in Wien geboren und hat an der dortigen Universität promoviert. Seit 1940 lebt er in den Vereinigten Staaten. Als er nach 24 Jahren als Redakteur wissenschaftlicher Arbeiten an der Universität von Kalifornien in den „Ruhestand" trat, widmete er sich volltätig der Verbreitung und Anwendung der Ideen Viktor Frankls, mit dem ihn eine zwanzigjährige Zusammenarbeit und Freundschaft verbindet.
Dr. Fabry ist der Autor des logotherapeutischen Standardwerkes „Pursuit of Meaning", das in neun Sprachen übersetzt wurde und im Deutschen unter dem Titel „Das Ringen um Sinn" vorliegt. Zu seinen anderen Arbeiten zählt das Buch „Logotherapy in Action". Im Jahre 1977 gründete er an der kalifornischen Universitätsstadt Berkeley das Institut für Logotherapie, ein Therapie-, Informations- und Trainingszentrum, wo auch die Zeitschrift *The International Forum for Logotherapy* herausgegeben wird und das jährliche Weltkongresse für Logotherapie veranstaltet. Dr. Fabry ist auch als Begründer seiner eigenen Art von logotherapeutischer Gruppentherapie hervorgetreten. Viele der Übungen in diesem Buch stammen aus der zwanzigjährigen Erfahrung mit diesen Gruppen und den Erfahrungen anderer führender Logotherapeuten.

Joseph Fabry

Wege zur Selbstfindung

Wie man jedem Tag seinen Sinn gibt

Herderbücherei

Originalausgabe
erstmals veröffentlicht als Herder-Taschenbuch

Herder Freiburg · Basel · Wien
Herstellung: Freiburger Graphische Betriebe 1985
ISBN 3-451-08171-7

Inhalt

Grundgedanken der Logotherapie

Kann man in einer sinnlosen Situation Sinn finden? Immer mehr Leute beschäftigen sich mit dieser Frage, wenn sie sich in den verschiedensten ausweglosen Situationen befinden, in die man im Leben früher oder später hineingerät. Schwierigkeiten in menschlichen Beziehungen, im Beruf oder Krankheit, Not, Schuldgefühle, und oft auch selbstverursachte Probleme wie Hypochondrie oder unstillbarer Hunger nach einem „immer mehr“ – an Macht, Geld, oder Lustbefriedigung. Manche Menschen sehen das Leben selbst als eine einzige Qual, es erscheint ihnen leer, frustrierend, unbefriedigend. Die Folgen solcher menschlicher Schwierigkeiten sind oft Neurosen, Krankheit, Depressionen, sogar Selbstmord. Es gibt aber immer einen Ausweg aus solchen Situationen. Wohl kann man solchen Situationen nicht immer entgehen, denn es gibt auch sinnlose und unentrinnbare. In einem solchen Fall besteht der Ausweg nicht im Entkommen (denn das ist eben nicht möglich), sondern in der Einstellung zu dieser unentrinnbaren sinnlosen Situation. Man kann eine sinnvolle Einstellung zu Situationen finden, die selbst sinnlos sind. Religionen, Philosophien, und nun auch Psychotherapien haben gezeigt, daß es nicht so sehr darauf ankommt, was uns widerfährt, sondern wie wir uns zu unserem Schicksal stellen.

Die Methoden, die in diesem Buch besprochen werden, können von jedermann angewendet werden – von Ärzten, Beratern, Seelsorgern, aber auch von Laien. Sie beruhen auf drei Grundgedanken:

1. *Das Leben hat unter allen Umständen Sinn,* selbst in den hoffnungslosesten Situationen. Man kann das Leben immer bejahen. Dieser Glaube kann, muß aber nicht, religiöse Wurzeln haben. Er zeigt sich in einem Gefühl der Geborgenheit in etwas umfassenderem als unserem ich-bezogenen Schicksal – in Gott, in Naturgesetzen, im Leben selbst, es ist ein Glaube an die Ordnung die besteht trotz des Chaos, das uns momentan verwirrt.

Aber darüber hinaus gibt es noch etwas Praktischeres. Dr. Viktor Frankl, der Wiener Psychiater, auf dessen Ideen viele Hinweise in diesem Buch beruhen, erkannte, daß selbst in den verwirrendsten Situationen jeder Augenblick eine Sinnmöglichkeit bietet, und zwar auf drei Gebieten: was wir tun (unsere Arbeit, Hobbies, Hingabe an eine Aufgabe), was wir erleben (Kunst, Natur, Liebe), aber auch wie wir ein unabwendbares Schicksal tragen.

2. *Wir alle haben einen „Willen zum Sinn",* der die stärkste Motivierung zu unserem Tun und Lassen ist. Beide dieser Hauptworte sind wichtig. Wir haben einen viel stärkeren Willen, als uns eine einseitig verstandene Psychologie oder Soziologie vermuten läßt. Wohl geschieht vieles, was wir tun, unter dem Einfluß unserer Kindheitserlebnisse, unserer Erziehung (religiös und weltlich), unserer Umwelt, unserer Instinkte, aber innerhalb all dieser Einflüsse können wir, unter bestimmten Umständen, die uns wichtig genug sind, „nein" zu diesen Einflüssen sagen, und das tun, was wir im Innersten für richtig halten.

In dem Ausspruch „Wille zum Sinn" kommt das zweite Hauptwort zum Ausdruck. Denn wenn wir wirklich auf unsere innere Stimme hören, die oft von den „Befehlen" anderer Einflüsse, wie Eltern, Gesellschaft, oder Triebhaftem,

übertönt wird, werden wir erkennen, daß diese Stimme uns rät, das zu tun, was uns persönlich sinnvoll erscheint. Was uns Erfüllung bringt, ist weder der Wille zur Macht, noch der Wille zur Lusterfüllung, sondern der Wille zur Sinnfindung. Um Befriedigung zu finden, dient Macht nicht als Zweck, sondern nur als Mittel zum Zweck, nämlich ein sinnvolles Leben führen zu können. Und Lust, Vergnügungen, Glück, kann nicht direkt angepeilt werden, sondern stellen sich ein als Folge einer Handlung oder eines Erlebnisses, das für uns sinnvoll ist. Sinnfindung, dagegen, ist weder bloßes Mittel noch bloßes Nebenprodukt. Sie ist unmittelbarer Lebenszweck. Wer einen Sinn im Leben gefunden hat, ist geistig gesund, selbst wenn er alt, schwach, oder unheilbar krank ist.
Ist es aber möglich, selbst in einer ausweglosen Situation noch einen Sinn des Lebens zu sehen und ihn auch zu erfüllen? Auch hier ist die Antwort positiv.

3. *Wir haben immer die Freiheit, den Sinn unseres Lebens zu finden.* Hier gilt es zu unterscheiden zwischen Situationen, die geändert werden können, und solchen, wo dies nicht möglich ist. In solchen Fällen quälen sich die Betroffenen oft mit derartigen Fragen: „Warum ist mir das geschehen? Was habe ich getan, daß ich dieses Schicksal verdient habe?“ Solche Fragen führen zur Verzweiflung, wie alle Fragen, auf die es keine Antwort gibt. Aber es gibt Fragen, die auf einer anderen Einstellung beruhen: „Hier bin ich nun. Was kann ich jetzt noch, in dieser Lage, tun?“ Auf diese Frage gibt es Antworten, und daher Hoffnung.
Viele Leute befinden sich in unerträglichen Lebenslagen, in die sie ohne ihr Verschulden gekommen sind und aus denen es keinen Ausweg gibt. Erblindete, Gelähmte, unheilbar Kranke, Witwen und Waisen, von unerwarteten Schicksalsschlägen Betroffene, vom Partner Verlassene, Alternde, Einsame – allen diesen Menschen kann man helfen, und sie können sich sogar selbst helfen, wenn sie den drei Grundge-

danken der Logotherapie folgen: daß das Leben unter allen Umständen einen Sinn hat, wenn er auch momentan verdeckt ist, so wie die Sonne manchmal durch Wolken verdeckt ist; daß sie einen Willen zur Sinnfindung haben, der sie befähigt, Ja zum Leben und Nein zu den vielen Einflüssen zu sagen, die sie zu bestimmen scheinen; und daß sie die Freiheit haben, entweder eine sinnlose Situation zu ändern, wo dies möglich ist, oder ihre Einstellung zu ändern, wo die Situation selbst nicht zu ändern ist.

Wir wollen in diesem Buch, an Hand von Beispielen und praktischen Übungen, dem Leser helfen, diese Theorien in Praxis anzuwenden, im eigenen Leben (für Leser, dic nach Lösungen ihrer eigenen Probleme suchen) oder im Leben anderer (für Berater, die andern helfen wollen). Tatsächlich besteht ein enger Zusammenhang zwischen Theorie und Praxis, da eine positive Lebensphilosophie allein schon oft gesund macht. Die Schwierigkeit besteht weniger darin, daß der Beratene eine gesunde Lebensphilosophie verwirft (im Grunde sind wir alle bereit, das Leben zu bejahen), sondern, daß er glaubt, er kann ihr nicht folgen. Es gilt darum, alle seine „ja-aber“ Argumente zu entkräften: „Ja aber, ich kann das nicht, es geht über meine Kräfte, ich bin immer schon ein Pechvogel gewesen, meine Eltern haben mich falsch erzogen, ich kann mir nicht helfen -- etwas in mir zwingt mich, ich bin zu alt, zu schwach, zu krank, ich bin festgefahren, alles hat sowieso keinen Sinn ...“ Und so weiter.

Jeder Therapeut braucht Geduld und muß sich das Vertrauen des Ratsuchenden verdienen, und der Leser, der Selbsttherapie anwenden will, braucht ebenfalls Geduld und Selbstvertrauen; die Wege dazu kann er durch Methodik, wie sie in diesem Buch dargestellt wird, lernen. Auch die nötigen faktischen Informationen kann man durch das gedruckte und gesprochene Wort lernen, doch wird es vielen Lesern helfen, wenn ihnen Methoden gezeigt werden, die ihnen das Gelernte erfahrungsgemäß nahebringen.

Bevor wir jedoch die Methoden, die in der Logotherapie angewendet werden, besprechen wollen, ist es nötig, den Leser mit einigen Gedanken der Logotherapie vertraut zu machen.

Das Sinnpostulat

Können wir den Sinn unseres Lebens selbst bestimmen, oder wird er uns gegeben – von Eltern, Erziehung, Religion, der Gesellschaft, in der wir leben? Weder – noch, sagt Frankl. Wenn wir selbst die Entscheidung hätten, was unser Lebenssinn ist, wäre das Leben nichts anderes als eine sinnlose Form, in die jeder seinen eigenen Sinn hineininterpretiert wie in einen Rorschachtest. Ist der Sinn dagegen „gegeben", ist das ja nicht unser Sinn sondern der eines anderen. Wir können wohl mit dem Sinn anderer übereinstimmen, aber wir können auch „nein" zu ihnen sagen, wie es heute immer mehr geschieht. Ehefrauen, Kinder, Kirchenmitglieder, Staatsbürger rebellieren immer häufiger gegen Sinnwerte, die vom Ehemann, Eltern, Kirche, oder Staat kommen, und auch der Therapeut darf dem Ratsuchenden nicht einen Sinn verschreiben wie eine Medizin.

Sinn darf weder gegeben, noch erfunden werden – er muß *gefunden* werden. Eigentlich gibt es für jeden Menschen, zwei Variationen eines Lebenssinnes: Den Universalsinn des Lebens im allgemeinen, und den Spezialsinn des eigenen Lebens, wie er sich von Situation zu Situation, und von Moment zu Moment ändert, und beide stellen an uns die Forderung, ihn zu finden.

Viele Leute behaupten, das alles seien unbeweisbare Annahmen, und sie haben recht. Niemand kann mit logischen Argumenten beweisen, daß das Leben einen Sinn hat, und man kann das auch nicht in einem Labor wissenschaftlich nachweisen. Man kann Sinn nur erleben, individuell, durch das Experiment des Lebens selbst. Man kann so leben, als ob alles Zufall und Willkür wäre, oder aber in der Überzeugung, daß hinter aller Willkür und allem Chaos eine Ordnung besteht,

in der auch Naturkatastrophen, Zusammenbrüche, und menschliche Katastrophen, wie verstümmelt geborene Kinder und unheilbare Krankheiten ihren Platz haben. Man kann in der Überzeugung leben, daß jeder Augenblick uns eine Sinnmöglichkeit bietet, uns Fragen stellt, auf die wir sinngemäß antworten können, das heißt, daß wir nicht nur in Freiheit, sondern auch in Ver-antwort-ung leben können.
Auf die Sinnforderung des Lebens und die Sinnforderung der verschiedenen Augenblicke in unserem Leben verantwortlich zu reagieren, heißt ein sinnerfülltes Leben führen.

Das Gewissen

Wenn Sinn weder von uns erfunden noch von andern gegeben, sondern nur von uns *ge*funden werden kann, wie können wir dann dazu kommen? Wie können wir wissen, welche von den vielen Möglichkeiten, die uns eine Lebenslage bietet, die sinnvolle ist?
Wir können es nicht mit Sicherheit wissen, aber wir haben eine Hilfe. Wir sind alle einmalig-einzigartige Personen, die während einer Lebensspanne durch unwiederholbare Situationen gehen. Grundsätzlich müssen wir persönlich entscheiden, was unsere Antwort auf die jeweilige Sinnforderung des Augenblickes ist. Aber die meisten Situationen, durch die wir gehen, sind solche, durch die schon Millionen andere in ähnlicher Form gegangen sind. Und die haben im Laufe der Jahrhunderte durch Erfahrung herausgefunden, wie man sinngemäß auf die Forderung einer Normalsituation reagiert.
Die Forderungen der Normalsituation sind in den Weisheiten des Kulturgutes festgehalten – in unserer westlichen Kultur also etwa in den zehn Geboten, der Bergpredigt, im kategorischen Imperativ, in den Einsichten Gandhis vom passiven Widerstand und in Albert Schweitzers Ehrfurcht vor dem Leben. Die beiden letzten haben heute besondere Aktualität, weil uns die Gefahren des Krieges und der Umweltverschmutzung besonders bewußt geworden sind. Die

Forderungen der Normalsituation sind auch in staatlichen Gesetzen, in unseren Gebräuchen und im gesunden Menschenverstand verankert. In Normalsituationen folgen wir eben diesen Universalfindungen, den „Werten“ unserer Gesellschaft. Es sind diese traditionellen Universalsinne, gegen die heute die verschiedenen Freiheitsbewegungen rebellieren – die politisch Unterdrückten, die wirtschaftlich Ausgebeuteten, die rassistisch Verfolgten, die Frauen, die Jugendlichen, die Alten. Wir leben heute in einer Zeit der Wertumwälzung, in der mehr und mehr Leute es als sinnlos empfinden, den althergebrachten Werten zu folgen und die von ihrer Freiheit Gebrauch machen, zu diesen Werten auch „nein“ sagen zu können, wenn sie ihrem eigenen Sinnempfinden widersprechen. Ihr Wahlspruch könnte sein: Die Werte sind tot, es lebe unser persönliches Sinnempfinden! Die Schwierigkeit besteht nun darin, daß viele dieser Leute zwar von ihrer Freiheit Gebrauch machen, ihren persönlichen Sinn zu finden, daß sie aber keine Erfahrung darin besitzen, die Forderungen der neuartigen Situation sinnvoll zu *be*antworten, also die Freiheit durch *Ver*antwortung zu modifizieren. Die Folgen einer verantwortungslos ausgeübten Freiheit reichen von Autorasen, Beschmieren von Wänden, leichtherzigen Scheidungen, sexuellen Ausschweifungen, zu Pornographie, Drogenhandel, Gewalttätigkeiten und Terrorakten. Man kann wohl die traditionellen Werte ablehnen, aber wenn man sie nicht durch persönliche Sinnfindung ersetzt, ist das Resultat nicht Sinn, sondern Chaos. Und diese persönliche Sinnfindung kann nicht dadurch erreicht werden, daß man Unschuldigen Leid zufügt.

Für die Therapie sind diese Regeln nicht moralisches Gesetz sondern ärztliche Verschreibung. Wie sich gezeigt hat, können die Folgen solcher willkürlichen Sinnfindung Frustration, Neurose und Depression sein.

Unser Dilemma läßt sich daher so beschreiben: Den Werten unserer Gesellschaft zu folgen kann unser eigenes Sinnempfinden vergewaltigen; unsere eigenen Sinnwege zu finden kann zu verantwortungslosen Ausschweifungen führen. Wie können wir die Forderungen des Augenblicks erkennen und sie erfüllen?

Unsere Antwort scheint auf den ersten Blick unbefriedigend. Sie sagt, wir müssen unserem Gewissen folgen. Das ist gewiß nichts Neues – wenigstens nicht in der Religion oder der Philosophie. Sie ist neu in der Medizin – wo das Gewissen überhaupt nicht beachtet wird – und in der traditionellen Psychologie, die annimmt das Gewissen sei von den Über-Ich-Einflüssen der Eltern, Kultur und Gesellschaft bestimmt. Wir Logotherapeuten sehen das Gewissen als etwas höchst Persönliches, als eine Art ethisches Riechorgan, das die Sinnmöglichkeiten einer Situation herausschnüffelt und uns hilft die für uns richtige zu finden. Wir wissen wohl, daß unser Gewissen von Über-Ich-Einflüssen wesentlich bestimmt wird, aber innerhalb dieser Einflüsse können wir einer inneren Stimme folgen, die uns in Konfliktsituationen berät und auch „nein" zum Über-Ich sagen kann.

Die Stimme des Gewissens ist etwas, was nur der Mensch besitzt, und kann, wie alles Menschliche, auch irren. Aber sie ist unsere einzige Richtlinie. Wir können nie ganz sicher sein, aber wir müssen ihr folgen, eben nach „bestem Wissen und Gewissen". Es ist eine der Hauptaufgaben der Erziehung, unsere Fähigkeit, die Stimme unseres Gewissens besser zu hören, schon von Kindheit an zu fördern. Manche der Übungen in diesem Buch sind gedacht, uns feinhöriger für diese innere Stimme zu machen.

Die geistige Dimension

Das Gewissen ist aber nur ein Teil unserer Hilfsmittel im Suchen nach Sinn. Wir haben eine ganze Hausapotheke solcher Mittel, die uns zur Verfügung stehen. Wie bei anderen Arzneien, muß man den Patienten erst einmal aufmerksam machen, daß sie überhaupt existieren, und ihn dann dazu bringen, sie auch zu benützen. Das Schöne an diesen Hilfsmitteln ist, daß sie frei sind und in unserem Innern nur darauf warten, von uns benützt zu werden.

Diese Hilfsmittel sind ein Teil unserer geistigen Dimension. Die Ganzheits-Medizin sieht den Menschen als eine unteilbare Einheit von Körper, Psyche und Geist. Von diesen dreien ist der Körper das einzig Sichtbare, und für lange Zeit dachten die Ärzte, daß Krankheiten, die körperliche Symptome zeigen, auch körperlichen Ursprungs seien und mit physischen Mitteln bekämpft werden müssen. Sigmund Freud entdeckte dann, daß körperliche Symptome auch in der unsichtbaren Dimension der Psyche hervorgerufen werden können, durch die ins Unbewußte unterdrückten Triebe, und daß diese Krankheiten mit psychotherapeutischen Mitteln behandelt werden können. Es war Viktor Frankl, der die zusätzliche Entdeckung machte, daß körperliche Symptome auch in unserer geistigen Dimension ihren Ursprung haben können, und daß diese geistige Dimension auch Hilfsmittel enthält, solche Krankheiten zu heilen oder uns vor solchen Krankheiten zu schützen.

Was ist nun diese geistige Dimension? Was sind die Krankheiten, die dort ihren Ursprung haben können? Und was sind die Hilfsmittel, die uns die geistige Dimension bietet?

Kurz gesagt, unsere geistige Dimension ist die Dimension unserer Freiheit und Persönlichkeit. Körper und Psyche sind Fesseln, die uns gefangen halten. Wir können nicht aus unserem Körper heraus, und die Psyche macht uns zu Gefangenen unserer Triebe, wie etwa Furcht, Wut oder Sex. Die geistige Dimension dagegen ist das Gebiet, auf dem wir die Entscheidungen treffen, die uns diese Fesseln lockern können. Wir können den Schwächen unseres Körpers nachgeben, sie bekämpfen oder auch ignorieren. Ebenso können wir entscheiden, was wir mit unserer Furcht, Wut und den Sextrieben anfangen wollen – nachgeben, unterdrücken oder sie in konstruktive Bahnen lenken. Wir können gefürchteten Situationen die Stirne bieten; wir können unsere Wut dazu benützen, die Situation zu ändern, die uns in Wut versetzt hat; und wir können Sex vom rein Triebhaften ins Menschliche übertragen. Wir besitzen, wie Frankl es nennt, die „Trotzmacht des Geistes", der ‚nein' sagen kann zu körperlichen Schwächen und psychologischen Trieben. Wir müssen uns eben, wie er auch zuweilen sagt, nicht alles von uns selbst gefallen lassen.

Die geistige Dimension enthält unsere ureigenste Persönlichkeit. Wir *haben* einen Körper und eine Psyche, aber in der geistigen Dimension sind wir das, was wir im Wesentlichen *sind.* Hier sind wir einzigartig in zweifacher Hinsicht: Als Mensch (Tiere bleiben Gefangene ihrer Instinkte) und als Individuum. In unserer geistigen Dimension unterscheiden wir uns von allen anderen Menschen, hier treffen wir unsere persönlichen Entscheidungen.

Wieder kann man sagen, das alles sind philosophisch-religiöse Binsenweisheiten. Aber wieder müssen wir darauf hinweisen, daß diese Binsenweisheiten in der Medizin Neuland sind. Geradeso wie die Medizin vor Freud „psychenlos" war, so war sie vor Frankl „geistlos" und ist es großteils auch heute noch.

Die von Frankl entdeckte „noogene", d. h. im Geistigen verursachte Neurose hat heute vielfach überhand genommen und bleibt heute von den Ärzten noch vielfach unerkannt. Noogene Neurosen („nous" ist das griechische Wort für Geist) kommen nicht, wie andere Neurosen, vom Psychischen her, also von unterdrückten Trieben oder Kindheitstraumen, sondern von einem unterdrückten Willen zur Sinnfindung. Die Folge eines unterdrückten, ignorierten, oder frustrierten Willen zum Sinn ist, nach Frankl, eine innere Leere, ein „existentielles Vakuum". Diese Leere ist an und für sich keine Krankheit, sondern höchstens ein Beweis, daß wir Menschen sind, die um Sinn ringen und ihn nicht finden können. In diese Leere kann sich aber eine Neurose

ausbreiten, und zwar dann, wenn wir einem Wertkonflikt oder einem Gewissenskonflikt ausgesetzt sind oder uns in einer Situation befinden, in der unser Wille zum Sinn frustriert wird. Solche Konflikte und Frustrierungen sind in unserer materialistischen-industriellen Überflußgesellschaft, in der so viele Werte ins Wanken geraten sind, häufig geworden. Forschungen in vielen Teilen der Welt haben gezeigt, daß ungefähr 20 Prozent aller bestehenden Neurosen nicht auf Traumen und Problemen aus unserer Vergangenheit beruhen, sondern auf gegenwärtig existierenden Konflikten in Menschen, die entweder kein Wozu im Leben sehen oder nach Werten streben, die sie im Innersten selbst für sinnlos halten.
Die Symptome der noogenen Neurosen können sich im Körper, in der Psyche oder im Geistigen zeigen. Migräne, Übelkeiten, Depressionen, quälende Selbstzweifel und Verzweiflung können, müssen aber nicht, vom Geistigen her kommen. Wenn eine sorgfältige Diagnose zeigt, daß für die Symptome weder eine physische noch eine psychische Ursache besteht, kann eine noogene Neurose vermutet werden. Hier hat es keinen Zweck, nach Traumen in der Vergangenheit zu forschen, hier gilt es, den Willen zum Sinn wachzurufen und den Patienten Schritt für Schritt von seiner sinnlos erscheinenden Gegenwart in eine für ihn sinnvolle Zukunft zu führen.
Unsere Methoden sind aber auch für Situationen anwendbar, wo sich ein Verhaltensmuster entwickelt hat, in dem der Patient sich gefangen fühlt, etwa das Verhaltensmuster der Furcht vor bestimmten Situationen.
Sie sind ferner als zusätzliche Behandlung in vielen Fällen, die in erster Linie ärztliche Hilfe im traditionellen Sinne verlangen, nützlich. Ein Mensch, dem ein Bein „erfolgreich" amputiert worden ist, kann nicht als geheilt entlassen werden, wenn er sich nicht mit der Frage auseinandergesetzt hat, welchen Sinn er nun in seinem Leben als Einbeiniger finden kann. Dasselbe gilt für Patienten, die einen Herzinfarkt

überstanden haben, oder solche die nach einem Nervenzusammenbruch aus einer Klinik entlassen worden sind, oder nach einer Kur ihre Drogenabhängigkeit bezwungen haben. Dasselbe gilt in hohem Grad von Leuten, die an einer unheilbaren körperlichen Krankheit leiden, und deren geistige Gesundheit davon abhängt, daß sie die letzten Monate in einer Weise verbringen, in der sie einen Sinn sehen.
Daneben gibt es auch eine Reihe von Anwendungsgebieten, in denen es sich nicht um „Kranke“ sondern um anderswie Hilfsbedürftige handelt. Zum Beispiel um Menschen, die einem unabwendbaren Schicksal gegenüberstehen – einem unvermeidlichen Leiden, unlöschbarer Schuld, oder dem Tod – dem eigenen oder dem eines geliebten Menschen. Hier handelt es sich um Probleme, derentwegen man in der Regel bei Seelsorgern Hilfe sucht. Nun hat sich in letzter Zeit die Zahl derer vermehrt, die keinen religiösen Glauben haben, so daß in vieler Hinsicht der Arzt dort helfen muß, wo es sonst der Pastor, Priester oder Rabbiner getan hat. Der Großteil derer, die von diesem Buch profitieren können, sind ebenfalls nicht „Kranke“ sondern Menschen, die an den Folgen ihrer inneren Leere leiden – sie sind gelangweilt, frustriert, einsam, deprimiert, oder haben das nagende Gefühl, daß ihnen etwas im Leben fehlt. Zu dieser Gruppe gehören auch solche, die sich in einer ausweglosen Situation fühlen, oder sich in einem Zwischenstadium befinden und nicht recht wissen, in welcher Richtung sie gehen sollen.
Ob es sich nun um körperlich Kranke, seelisch Leidende, oder geistig Frustrierte handelt, die Hilfsmittel der inneren, geistigen Hausapotheke stehen zur Verfügung. Zu diesen Hilfsmitteln gehören unter anderem:

Der Wille zum Sinn. Nicht alles, was wir möchten, können wir durch unseren Willen erzwingen, aber mit Wille können wir – innerhalb bestehender Grenzen – mehr durchsetzen, als uns ein heute immer weiter umgreifendes Menschenbild vermuten läßt, das den Menschen als „nichts als" ein Tier, das man trainieren, oder eine Maschine, die man manipulieren kann, erscheinen läßt.

Ziele und Aufgaben. Wir können, wie Nietzsche sagt, jedes Wie ertragen, wenn wir ein Wozu sehen. Ein Ziel kann uns den schwierigsten Weg erleichtern, und eine Aufgabe, möglichst eine selbstgewählte, kann Leiden überwinden oder es zumindest erträglich machen.

Selbst-Distanzierung. Unsere Dreidimensionalität gibt uns die Fähigkeit, uns geistig von unseren körperlichen und psychischen Schwächen zu distanzieren, und uns selbst, sozusagen, zu beobachten, und zwar womöglich mit einem Sinn für Humor, der selbst wieder ein wichtiger Bestandteil unserer geistigen Dimension ist.

Selbst-Transzendenz. In unserer geistigen Dimension haben wir die weitere Fähigkeit, über unsere Ich-Bezogenheit hinaus zu reichen – hin zu anderen Menschen, die wir lieben, oder zu Aufgaben, die uns wichtig erscheinen. Dinge, die wir tun um eines andern willen, oder einer Sache willen, sind sinnerfüllend für uns. Wir helfen anderen, und helfen dabei uns selbst.

Lernfähigkeit. Wir lernen nicht nur aus unserer eigenen Erfahrung (das können auch Tiere) sondern aus der Erfahrung anderer, einschließlich solcher, die lange vor uns gelebt haben. Wir lernen von den Beispielen anderer und sehen auch die Möglichkeiten, aus sinnlosen und schmerzlichen Situationen zu lernen.

Andere Hilfsmittel unserer geistigen Hausapotheke sind die Fähigkeit der Phantasie, als erster Schritt zu sinnvollen Zielen; die Gabe zu schöpferischen Tätigkeiten, in der wir unsere Einmaligkeit auswirken können; die menschliche Liebe, die weit über körperlichen Genuß und psychische Triebe hinausgeht; das Gewissen, das uns in Konfliktsituationen zu entscheiden hilft; und andere Fähigkeiten, die man gewohnterweise mit dem menschlichen Geist in Verbindung bringt, wie Verstand, logisches Denken, und unsere Sprache.

Wie man diese geistigen Schätze an sich selbst und anderen in praktischer Weise anwenden kann, ist in den folgenden Kapiteln geschildert. Im allgemeinen ist das Augenmerk auf folgende Ziele gerichtet:

Auf das Positive, und weg vom Negativen.

Auf die Erfolge, und weg von den Versagern.

Auf die Gegenwart und Zukunft, weg von Grübeln über die Vergangenheit.

Auf die Tore, die noch offenstehen, nicht auf die verschlossenen.

Auf das, was gesund geblieben ist, nicht auf das, was krank geworden ist.

Auf das, was uns an uns selbst gefällt, und nicht auf das, was uns mißfällt.

Hierbei wird aber das Negative nicht ignoriert, sondern in positive Bahnen gelenkt. Wir können aus Versagern lernen und aus der Vergangenheit Kraft schöpfen. Wir können verschlossene Türen zu öffnen und Krankheiten zu heilen suchen. Wir können das, was uns an uns mißfällt, ändern. Nicht auf einmal, aber Schritt für Schritt.

Die Gefahr liegt an einem Zuviel an Selbstbeobachtung und Aufmerksamkeit auf unsere „Probleme". Nicht die Probleme sollen begrübelt werden, sondern die Aufmerksamkeit soll auf die Lösung gelenkt werden. Wie ein Teilnehmer einer Therapiegruppe einmal zu einem anderen gesagt hat: „Du stehst inmitten von Blumen und bewässerst das Unkraut."

Dieses Buch soll uns helfen, die Blumen des Lebens zu beachten und sie zu gießen.

Wie und wo finde ich Sinn?

Nehmen wir nun an, Sie sagen zu mir, nachdem Sie das erste Kapitel gelesen haben: „Schön, Sie haben mich überzeugt, daß Sinnfindung zum Gesundwerden und zum Gesundbleiben nötig ist. Wie und wo finde ich Sinn?

Eine berechtigte Frage, und dieses Buch soll dazu dienen, sie zu beantworten. Obwohl Sinn überall gefunden werden kann – und oft auch unter den unerwartetsten Umständen – gibt es doch Situationen, in denen der Sinn deutlich erscheint, und diese sollen im Folgenden zunächst besprochen werden. Sie sind:

- Momente der Selbsterkenntnis
- Das Bewußtsein, daß man eine Wahl hat
- Das Bewußtsein, daß man unersetzlich ist
- Momente, in denen man verantwortlich handelt
- Momente, in denen man über sich selbst hinauswächst, in denen man etwas um einer Sache willen, eines anderen Menschen Willen, oder um Gottes willen tut.

Aber auf der Suche nach Wegen der Sinnfindung beginnt eine Schwierigkeit, mit der alle psychotherapeutischen Methoden zu kämpfen haben: Jeder von uns ist einmalig und einzigartig, und wir alle gehen durch einmalig-einzigartige Situationen, in denen wir nie zuvor waren. Wie können wir wissen, was der Sinn der gegenwärtigen Situation für uns, jetzt, ist?

Zum Glück gibt es da eine Hilfe durch die „Universalsinne“ der Werte. Wir erhalten Ratschläge – bewußt und auch unbewußt – vom Vater, von der Mutter (selbst wenn diese schon tot sind), von unserer Kultur, von frühen Einflüssen wie Lehrern, Priestern und Pfarrern und anderen wichtigen Personen in unserem Leben, wie Großeltern, Onkel und Tanten, Freunden, bewunderten Menschen, die wir persönlich oder auch nur aus Büchern kennen. Aber Sinn kann nicht künstlich aufgebaut werden, er wird für uns nur dann wertvoll sein, wenn wir mit den von außen her kommenden Ratschlägen im Innersten übereinstimmen. Und so ist es für unsere Sinnfindung notwendig, daß wir wissen, wer wir sind, was uns wichtig ist, was unsere eigene Werthierarchie ist. Wir haben seit frühester Kindheit Masken angelegt, um Gefallen bei anderen zu finden, um akzeptiert zu werden. Und hinter diesen Masken sind wir aufgewachsen, als der immer „Freundliche", „Hilfsbereite", „Heitere", oder aber auch der „Zurückgezogene", der „Furchtsame", oder der „Grobe", der nur grob ist, weil er fürchtet, daß andere zuerst grob zu ihm sein könnten. Es ist wichtig für uns zu wissen, wer wir eigentlich hinter all diesen Masken sind. Manchmal ist eine Maske bereits Teil unseres Selbst geworden, und wir wissen gar nicht mehr, was Maske und was wir selbst sind, und ob wir die Masken freudig akzeptiert haben oder im Innersten ablehnen. Und so ist es in unserer Sinnsuche nötig zu wissen, was wir in unserem Leben anstreben, das heißt, zu wem wir uns zu entwickeln hoffen. Wann immer wir etwas über unser wirkliches Selbst entdecken, wird uns unser Leben sinnvoll erscheinen. Solche „Aha"-Erlebnisse kann man überall machen – beim Lesen eines Buches, im Gespräch mit Freunden, beim Hören von Musik, auf einsamen Wanderungen, in Gotteshäusern, Theatern, zu Hause und auch in der Therapie.

Erster Weg zur Sinnfindung: Selbsterkenntnis

Die praktischen Übungsvorschläge und Handlungsanleitungen der nachfolgenden Seiten können – gegebenenfalls zweckentsprechend abgewandelt – sowohl vom Leser alleine, mit seinem Partner zusammen als auch in der Gruppe ausgeführt werden. Bei Einzelarbeit empfiehlt es sich, mit Papier und Bleistift zu arbeiten.

Es ist wichtig, daß sich die Selbsterkenntnis nicht darauf beschränkt, uns zu zeigen, wer wir *sind*, sondern auch wie wir sein *könnten*, wenn wir unseren eingestandenen oder unbewußt gebliebenen Zielen näher kämen.

Viele Wege zur Selbsterkenntnis können durch den sogenannten „Sokratischen Dialog" eröffnet werden – ein „Selbstfindungsgespräch", das in die Tiefe geht und nicht an oberflächlichen Geplänkel halt macht.

Hier sind einige Anregungen für Fragen, die der Berater stellen kann. Dieselben Fragen können auch von Laien gestellt werden, von Freunden, Verwandten, von allen, die das Vertrauen des Befragten genießen. Welche Fragen am besten geeignet sind, den Befragten in seiner Selbsterkenntnis zu helfen, hängt von den Beteiligten, von ihrem Verhältnis zu einander, und von der Situation ab. Sinnforschende Beratung ist großteils Sache der Improvisation, des Fingerspitzengefühls.

Manchmal ist der direkte Weg der beste. Man stellt die Frage „Wer bist du?" immer und immer wieder, bis der Befragte, von anfänglich oberflächlichen Antworten (Anton Meier, ein Anwalt, Ilses Mann) zu tieferen Definitionen vorstößt (ein

sehr verwundbarer Mensch, trotz aller meiner Erfolge ein Versager, ein ewig Zweifelnder). Oft kann man später zu den ersten, „oberflächlichen" Antworten zurückkehren, und erforschen, was hinter ihnen steckt: „Ein Anwalt – was bedeutet das für Sie? Erfolg? Geld? Hilfe für Benachteiligte?"
Meistens ist das indirekte Anpeilen das Beste:
„Was sind Ihre frühesten Kindheitserinnerungen?" Schmerzliche, glückliche, befremdende. Was waren ihre Lieblingsgeschichten, Märchen, Filme, Radio- oder Fernsehprogramme? Gab es irgendwelche Lieblingsaussprüche Ihrer Mutter? Des Vaters? Anderer Bezugspersonen?
Warum erinnern Sie sich an Episoden, die eigentlich ganz unbedeutend waren? Sind sie heute noch bedeutend? Sagt das irgendetwas aus über Sie und was Ihnen heute noch bedeutend erscheint? Haben sich Ihre Wünsche und Hoffnungen erfüllt? Was sind heute Ihre Hoffnungen? Ist das, was einmal schmerzvoll oder angsterregend war, heute noch so? Ist irgend etwas Positives aus diesen frühen schmerzvollen Situationen hervorgegangen? Können Sie heute eine mehr sinnvolle Interpretation in alten, schmerzvollen Erinnerungen finden?

Beispiel: Auf die Frage nach einer schmerzhaften Kindheitserinnerung erzählte Erika die folgende Episode. Als vierjähriges Mädchen wußte sie, daß ihre Mutter einen Brief vom Großvater sehnlichst erwartete. Eines Morgens sah Erika den Briefträger auf der anderen Seite der Straße. Sie lief hinüber und er händigte ihr einen Brief ihres Großvaters aus. Als sie ihn freudestrahlend ihrer Mutter brachte, schimpfte sie diese aus, weil sie die Straße überquert hatte. Vierzig Jahre später fühlte Erika immer noch die Enttäuschung und den Schmerz darüber, daß sie für etwas ausgescholten worden war, wofür sie Lob erwartet hatte. Sie war eine verschlossene, mißtrauische Frau geworden und in einer Zwiesprache mit ihr wurde bald klar, daß sie dieser an und für sich unbedeutenden Episode irgendwie Schuld an ihrer weiteren Entwicklung gab. „Die Menschen sind lauter Bestien", und „Undank ist der Welt Lohn" waren ihre Lieblingssprüche, wie sie auch die ihres Vaters gewesen waren. Die „Lehre" der Briefträgerepisode war auf fruchtbaren Boden gefallen.

Wir besprachen die alte Episode vom Standpunkt der Erwachsenen. Es dauerte nicht lange, bis Erika eine andere und doch naheliegende Erklärung fand: ihre Mutter hatte sie gescholten, weil sie durch das eilige Überqueren der Straße ihr Leben in Gefahr gebracht hatte; es war ein Ausdruck ihrer Liebe zu Erika gewesen, da sie die Sicherheit ihrer Tochter höher eingeschätzt hatte als den so sehnlich erwarteten Brief. Ich erzähle diese an und für sich belanglose Episode, weil sie charakteristisch für manche Fehlentwicklung ist. Als Kind sehen wir ein Ereignis falsch und es stellt die Weichen für unsere Weiterentwicklung. Unsere Gefühle werden in Richtungen gedrängt, die den späteren Erklärungen der Vernunft widerstehen. Die Briefträgerepisode wird wohl nicht das Einzige gewesen sein, was Erika in die Richtung einer mißtrauischen Person lenkte. Aber sie war mitverantwortlich für die Masken, die Erika anlegte, um sich vor neuerlichen Enttäuschungen zu schützen. Und unterhalb dieser Masken lebte eine Erika, die sich nach menschlichen Bindungen sehnte. Es war nicht zu spät – es ist nie zu spät – um dem wirklichen Selbst, wie es in jedem Kinde steckt und das oft verschüttet ist, eine Chance zu geben.

Lieblingsmärchen und Geschichten sind oft ein Schlüssel für das wirkliche Selbst und seine Hoffnungen. Es kommt nicht so sehr auf das Märchen an, sondern auf die Interpretation. Nehmen wir Aschenbrödel als ein Beispiel. Was kann es uns sagen? Daß manche Leute unverschuldeterweise ausgenützt werden. Daß selbst der Letzte noch eine Chance hat. Daß Tugend und Fleiß belohnt werden. Daß wir unglaubliche Veränderungen durchmachen können. Daß Wunder geschehen können. Daß man an Wunder nicht glauben darf. Daß man bestraft wird, wenn man Termine nicht einhält. Daß man enttäuscht wird, wenn man glaubt, „der Ball des Lebens" werde ewig dauern. Daß die Stiefmütter immer wieder siegen. Daß sie letzten Endes doch besiegt werden. Daß der wirkliche Prinz unseres Lebens uns durch alle Masken und Verkleidungen erkennen wird. Und viele andere Interpretationen, die uns helfen können, einen Blick auf unser verstecktes Ich zu werfen.

Ein Hitlerflüchtling, der mittellos nach Amerika gekommen war, schöpfte Hoffnung aus den Lieblingsromanen seiner Kindheit, Robinson Crusoe und Jules Vernes' „Die geheimnisvolle Insel". Sie hatten ihm in früher Kindheit gezeigt, daß man alles verlieren und auf einer „einsamen Insel" wieder sein Leben selbst aufbauen kann. Wieder kommt es weniger auf die Geschichte an, als auf unsere Interpretationen. Ein guter Sokratischer Dialog wird das Augenmerk auf das Positive lenken, einschließlich der positiven Seite negativer Episoden.

Ein direkter Weg zur Selbsterkenntis: Stellen Sie eine Liste von Adjektiven auf, die beschreiben, wie Sie sich selbst sehen. Oder noch besser: eine Doppelliste von Dingen, die Sie gerne an sich mögen, und eine andere, die Sie nicht an sich mögen. Sehen Sie sich diese Listen an: haben Sie etwas über sich entdeckt, was Sie überrascht? Was fühlen Sie beim Anblick dieser Listen? Welchen von diesen beiden ist Ihnen leichter gefallen? Sind Sie überrascht, wie viele Dinge Sie an sich selbst mögen? (Die meisten sind überrascht; sie hatten gedacht, sie könnten gar nichts Positives finden). Welche der negativen Dinge würden Sie gerne ändern? Es stellt sich oft heraus, daß die unerwünschten Eigenschaften unter anderen Namen auch in der positiven Liste aufscheinen. Überempfindlich statt künstlerisch. Das Überempfindlichsein ist sozusagen der Preis, den man für seine künstlerischen Fähigkeiten zu zahlen hat. „Ich lasse mich ausnützen" statt „Ich bin freundlich". Die Freundlichkeit bringt es mit sich, daß man zuweilen ausgenützt wird. Eine Eigenschaft geht nicht ohne die andere.

Aber es gibt auch Eigenschaften, die man wirklich los werden will. „Ich bin so schüchtern." Sie sind nicht vom Schicksal dazu verurteilt, immer schüchtern zu sein. Was wäre der erste Schritt, Ihre Schüchternheit zu überwinden? Es hat wenig Sinn, Ungewolltes mit Zehnmeilenstiefeln überwinden zu wollen. Der erste Schritt darf nicht so groß sein, daß er zum Scheitern verurteilt ist. Aber andererseits darf er nicht so klein sein, daß man sich's zu leicht macht. Er muß groß genug sein, um eine Herausforderung an das innere Selbst zu stellen. Ist der Ratsuchende bereit zu versprechen, bis zur nächsten Beratung zu einer unbekannten Person des anderen Geschlechts zu gehen (auf einer Party etwa) und sich vorzustellen? Wenn sich diese Aufgabe als zu schwer herausstellt, kann sie für's nächste Mal etwas eingeschränkt werden: er soll bis zur nächsten Beratung einem Unbekannten wenigstens zulächeln. Die Hauptsache ist, daß es nicht bei guten Vorsätzen bleibt: man muß etwas *tun,* selbst wenn es Mut und Überwindung kostet.

Man kann unerwünschte Eigenschaften, die man ändern möchte, allerdings auch anders angehen: man kann sich ein paar Minuten lang so benehmen, wie man sein möchte. Man bricht den Teufelskreis eines unerwünschten Benehmens plötzlich und drastisch, und benimmt sich – wenigstens für eine kurze Zeit – *als ob* man die Person wäre, die man gerne sein möchte und von der man weiß, daß man sie im Tiefinnersten auch ist. Es hat sich nur ein Verhaltensmuster (etwa das der Schüchternheit) herausgebildet, das schwer zu durchbrechen ist.

Die „Als-ob-Methode" setzt die Annahme voraus, daß wir eigentlich wissen, wer wir hinter all den Masken sind und noch sein können, und daß wir die Masken auch durchbrechen können – wenigstens für einen Augenblick, der uns ei-

nen Einblick in unser wirkliches Selbst gestattet. (Siehe eine Beschreibung der „Als-ob-Methode“ auf Seite 140 ff.).
Der Schüchterne hat in seinen Phantasien wahrscheinlich oft geträumt, der Mittelpunkt einer Gesellschaft zu sein, aber der Gedanke, diese Phantasie in Wirklichkeit umzusetzen, erfüllte ihn mit Schrecken. So etwas bedarf 1. eines Schusses Humor und 2. einer Generalprobe. Man muß sehen können, wie lächerlich es im Grunde ist, sich als Mensch wie eine Maus zu benehmen. Die Generalprobe, in der Sicherheit der Beratungsstelle, muß daher etwas übertrieben vor sich gehen. Der Schüchterne übertreibt seine Bravuraufführung, aber dann probt er ein normales Auftreten als der selbstsichere Mensch, der er gerne sein möchte. Das Als-ob-Auftreten kann besonders in der Gruppe geprobt werden, in der er sich bereits wohl fühlt und von der er weiß, daß sie auf seiner Seite steht. Wenn er sieht, daß nichts Katastrophales geschieht, und er sich sogar wohl dabei fühlt, kann der Schritt in die Außenwelt gewagt werden.
Wenn Sie eine bestimmte Eigenschaft loswerden wollen, ist es nützlich, ganz praktisch vorzugehen. Nehmen wir an, Sie wollen nicht mehr so anmaßend sein, wie Sie es gegenwärtig sind. Schreiben Sie jeden Abend vor dem Schlafengehen zwei Sätze:

„Heute war ich anmaßend, als ich ...“
„Heute war ich nicht anmaßend, als ich ...“
Im Laufe der Zeit werden Sie ein Verhaltensmuster entdekken, das Sie dann in den praktischen Situationen Ihres Lebens bewußt ändern können.

Ein indirekter Weg zur Selbsterkenntnis: Wenn Sie ein Tier wären, welches Tier wären Sie? Wenn Sie eine Blume wären? Ein Gewässer? Eine Farbe? Ein Geruch? Ein Material? Ein Gebäude? Ein Kunstwerk?
Die Identifizierung allein, mit einem Tier etwa, genügt nicht. Ein Gespräch muß ergründen, was der Betreffende mit dem

Tier assoziiert. Eine Maus kann Kleinheit und Zierlichkeit symbolisieren, oder Scheu, oder Ekel. Eine Eule Weisheit, oder nächtlichen Raub.
Man kann dieses „Spiel" gut in einer Gruppe spielen, indem jeder sagt, wie er die anderen Teilnehmer sieht, und dann, wie er sich selbst sieht. Das gibt ihm nicht nur Gelegenheit, sich selbst zu erkennen, sondern auch zu sehen, wie er andern erscheint.
Artur war ruhig und zurückhaltend. Die Gruppenteilnehmer verglichen ihn mit einem Maulwurf, einer Maus, oder einem Igel, aber als er selbst seinen Tiervergleich machte, sah er sich als einen Tiger, der leise durch die Dschungel schleicht, um auf sein Opfer plötzlich loszuspringen.

Ein anderer Zugang zur Selbsterkenntnis: Ihr Name – Vorname, Zuname, Mittelname, Kosename, Künstlername? Name als ledige Frau? Geschiedene Frau? Namensänderung? Welche Nationalität verrät Ihr Name? Bedeutet er etwas in ihrer oder einer anderen Sprache? Nach wem sind Sie benannt? Identifizieren Sie sich mit dieser Person? Identifizieren Sie sich mit Ihren Namen? Mit welchem? Inwieweit? Hätten Sie gerne einen anderen Namen? Haben Sie einen anderen Namen angenommen? Warum? Welcher Kosenamen sagt Ihnen am meisten zu? Welcher von all den Namen, mit denen Sie genannt werden, entspricht am meisten Ihrer Persönlichkeit? Warum gaben Ihre Eltern Ihnen diesen Namen? Was halten Sie davon? Haben Sie die Erwartungen Ihrer Eltern erfüllt? Benützen Sie Monogramme auf Ihrem Briefpapier, Haus, Feuerzeug? Warum? Welche Gefühle haben Sie, wenn Sie Ihre Unterschrift geben – auf Checks, Dokumenten, Briefen? Wenn Sie Ihren Namen ändern könnten wie Sie wollten, welchen würden Sie wählen? Was fühlen Sie, wenn jemand Ihren Namen vergißt, ihn falsch buchstabiert oder falsch ausspricht? Diese und ähnliche Fragen können Schlüssel zu Ihrer Persönlichkeit liefern.

Und wieder ein anderer Einstieg: Stellen Sie sich vor, Sie wären tot, Ihr Leben ist zu Ende, nichts kann mehr geändert werden (wie es zu Lebzeiten bis zum letzten Moment immer noch möglich ist), alles ist endgültig geworden. Wer kommt zu Ihrem Begräbnis und was sagen die Leute über Sie? Was steht in der Zeitung in Ihrem Nachruf? Welchen kurzen Satz möchten Sie auf Ihrem Grabstein haben? Was möchten Sie gerne, daß die Trauernden sagen sollten? Jetzt haben Sie noch die Gelegenheit, dem näher zu kommen, was Sie werden wollen.
Alles bisher Gesagte enthüllt Ihre Person durch Selbstfindungsgespräche, durch Worte. Es gibt aber auch direktere Zugänge: durch die Kunst. Man kann sich eigene Masken anfertigen, aus Papier oder Pappmaché, man kann billige Masken kaufen und sie nach Belieben bemalen und umgestalten. Wie fühlt es sich an, diese Masken bewußt zu tragen? Möchten Sie sie ändern? Ablegen? Zeitweilig oder für immer? Ein Mann zerriß seine Clownmaske in kleine Fetzchen und sagte zornig: „Mein Lebenlang habe ich den Clown gespielt, um billigen Beifall zu erhaschen, und darunter war ein Mensch, der ernstgenommen werden wollte".

Andere „künstlerische" Einstiege: Geben Sie Ihrem Klienten eine Schachtel Buntstifte und lassen Sie ihn sich selbst zeichnen. Kein Porträt, sondern ein abstraktes Bild von Farben, Linien, und Symbolen, wie sie aus dem Unterbewußtsein quellen. Sagen Sie ihm: „Denken Sie nicht viel nach, zeichnen Sie darauf los!" und lassen Sie ihn nachher sein Bild interpretieren. „Ich bin ganz verwirrt," mag einer sagen. „Sehen Sie bloß dieses Kunterbunt von Linien. Und alle sind zaghaft und gehen ins Nichts. Und das viele Schwarz und Braun! Und ich möchte scharfe, sichere, zielbewußte Linien haben, rote und grüne!" Sie können ihn dann ermutigen, nun ein zweites Bild zu zeichnen, mit den geraden bunten Linien, wie er sie wollte. „Hängen Sie diese Zeichnungen über Ihr Bett",

können Sie sagen, „und betrachten Sie sie jeden Morgen bevor Sie den Tag beginnen".
Oder Sie spielen das „Strichlein"-Spiel. Die Regeln sind einfach. Das Spiel wird von zwei Leuten gespielt: vom Berater mit dem Ratsuchenden oder zwei Ratsuchenden miteinander, besonders Frau und Mann, oder Elternteil und Kind. Sie sitzen einander gegenüber, mit einem Blatt Papier zwischen ihnen und einem Bleistift in der Hand. Jeder darf abwechselnd einen Strich machen, in jeder Richtung, von jeder Länge. Jeder beginnt auf seiner Seite. Sind Ihre Striche stark und aggressiv, oder zaghaft? Verfolgen Sie den Partner oder meiden Sie ihn? Fühlen Sie sich als Angreifer oder als Angegriffener? Sind Sie offen, hänseln Sie Ihren Partner, wollen Sie ihn vom Papier vertreiben? Eine offene Aussprache nachher kann Ihnen einiges darüber sagen.
Eine weitere Übung, die zu einem besseren Verständnis führt, wurde in der Gestalt-Therapie entwickelt. Man fordert den Beratenen auf, sich mit einem Objekt im Zimmer zu identifizieren und dann seine Identifizierung zu erklären. Jemand, der sich etwa mit einem Trinkglas identifiziert hat, mag sagen: „Ich bin zerbrechlich, leer, gewöhnlich". Ein anderer mag sagen: „Ich bin nützlich, ich kann alles aufnehmen, was man in mich hineingießt. Ich bin offen für alle Möglichkeiten." Die Einstellung ist alles. Der Pessimist sagt: „Ich bin schon halbleer", der Optimist: „Ich bin noch halbvoll".

Sokratische Dialogsätze, die auf Selbsterkenntnis hinzielen:

- Was ich gern tue und gut mache
- Was gut und neu in meinem Leben ist
- Etwas Schwieriges, das ich gerade lerne
- Etwas, was ich kürzlich entdeckt habe
- Man glaubte, ich könnte etwas nicht, aber ich konnte es doch
- Worin ich immer besser werde

- Was meine größte Stärke ist
- Eine Gelegenheit, bei der ich bewies, daß ich nicht hilflos bin
- Als mich jemand kritisierte
- Als jemand von mir das Allerbeste erwartete
- Ein Gefühl, das ich nur schwer akzeptieren konnte
- Ich benehme mich verschiedenen Leuten gegenüber anders; z. B. ...
- Meine Lieblingsmaske
- Ein Erlebnis, das mir ganz neue Einsichten gab
- Was ich über mich erst neulich entdeckt habe
- Unter welchen Umständen ich mir am besten gefalle
- Ein Sieg, der mich froh machte
- Ein Sieg, der mich bedrückte
- Ein Verlust, der schwer zu verkraften war
- Ein Verlust, den ich gut verkraften konnte
- Als ich Selbstvertrauen zeigte
- Jemand, dem ich lernte zu vertrauen
- Als es schwer war, um Hilfe zu bitten, und ich tat es dennoch
- Als ich Hilfe brauchte und nicht erhielt
- Was ich ändern mußte, um ein besserer Freund zu werden

Übung: Ihre Einzigartigkeit
Wer bin ich? Beschreiben Sie sich, wie Sie sich selbst sehen.
Was möchte meine Familie, daß ich sei?
(Sie können einige Antworten geben: Mutter, Vater, Ehegatte, Kinder)
Wer möchte ich sein?
Welches sind meine Fähigkeiten?
Welches sind meine Schwierigkeiten?
Was kann ich tun, um meine Fähigkeiten auszunützen?
Was kann ich tun, um meine Schwierigkeiten zu überwinden?
Was wäre der erste Schritt, um meine Fähigkeiten auszunützen?

Was wäre der erste Schritt, um meine Schwierigkeiten zu überwinden?
Wie bei allen Übungen, kommt es hier nicht nur auf die Antworten an, sondern auf den Sokratischen Dialog, der dieser Übung folgt, und auf das Versprechen, die ersten Schritte auch tatsächlich zu machen.

Zweiter Weg zur Sinnfindung: Wahlmöglichkeiten

Ein zweiter Weg, auf dem man Sinn finden kann, ist die Einsicht, daß Wahlmöglichkeiten bestehen. Solange man sich in einer Sackgasse fühlt, aus der es keinen Ausweg gibt, ist das Leben sinnlos. Sobald man sieht, daß man eine Wahl hat, erscheint ein Sinn, das Leben hat wieder einen Zweck, nämlich diese Wahl zu verwirklichen.

Übung: Wahlmöglichkeiten

Ich befinde mich in einer Situation, aus der ich keinen Ausweg sehe:

____

Welche Wahlmöglichkeiten stehen mir offen? (Schreiben Sie alles auf, was Ihnen einfällt, auch das Unpraktische und das Lächerliche):

____

____

____

Wählen Sie die Möglichkeit, die Ihnen am passendsten scheint:

____

Was wären die Folgen Ihrer Wahl?

Positive Folgen:	Negative Folgen:
______________________	______________________
______________________	______________________

Unternehmen Sie Schritte, Ihre Wahlmöglichkeiten zu verwirklichen.

Beispiel: eine Frau starb an Krebs und hinterließ einen Mann und zwei unmündige Töchter – 14 und 16 Jahre alt. Der Mann war Pfarrer und hatte Verpflichtungen seiner Gemeinde gegenüber, die ihm wenig Zeit ließen, im Haushalt zu helfen. Die beiden Töchter mußten jeden Tag nach der Schule einkaufen, kochen, Geschirr spülen, etc. Sie fühlten sich in einer Situation, aus der sie auf Jahre hinaus keinen Ausweg sahen. Sie machten mit ihrem Vater die folgende Liste:

Alternativen:	*Positive Folgen:*	*Negative Folgen:*
1. Köchin engagieren	Wenig Arbeit	Zu viel Kosten
2. Im Restaurant essen	Wenig Arbeit	Zu viel Kosten
3. Rollen verteilen unter Vater und Töchtern (Einkaufen, Kochen, Geschirrwaschen etc.)	Last wird geteilt	Jeder arbeitet allein und jeden Tag
4. Jeden Samstag für die ganze Woche einkaufen und für die Woche voraus kochen, die Speisen in den Gefrierschrank stellen	Sechs „freie" Tage	Ein Tag viel Arbeit
5. Nichts essen	Keine Arbeit	Verhungern
6. Sich von Bekannten einladen lassen	Wenig Arbeit	Belastung der Freundschaften
...		
und so weiter.		

Der Vater und die Töchter entschieden sich für die vierte Alternative. Jeden Samstag stellten sie gemeinsam eine Liste von Gerichten zusammen, die sie für die nächste Woche zubereiten würden, gingen dann zusammen einkaufen, was den Charakter einer Festlichkeit annahm, und am Samstag nachmittag hatten sie Spaß daran, sieben Mahlzeiten zu kochen und einzufrieren.

Das Durchschauen der Liste allein, einschließlich der lächerlichen Alternativen, hatte sie schon vom Bewußtsein befreit, sich in einer hoffnungslosen Situation zu befinden, und hatte ihre Stimmung grundsätzlich verändert. „Und wir brauchen dieses System nicht endlos beibehalten", sagte die ältere Tochter. „Wir können es jederzeit ändern".

Listenmachen kann die verschiedensten Formen annehmen:

Was möchten Sie gerne loswerden?

Was möchten Sie gerne ändern?

Was möchten Sie Ihrem Leben dazufügen?

Was hat sich in Ihrem Leben in den letzten fünf Jahren geändert?

Was möchten Sie gerne in den nächsten fünf Jahren ändern?

Und wieder: was sind in jedem Fall die positiven und negativen Folgen?

Aber die Liste der Möglichkeiten darf nicht bloß Wunsch bleiben. Man muß – Schritt für Schritt – etwas dazutun, um sie Wirklichkeit werden zu lassen.

Zuerst einmal verbal. Wenn jemand sagt, „Ich kann es nicht", wird er dazu angehalten, immer wieder andere Worte zu gebrauchen. Zum Beispiel:

„Ich *kann* keinen neuen Job finden".

„Ich *will* keinen neuen Job finden".

„Ich *möchte gerne* einen neuen Job finden".

„Ich *kann* einen neuen Job finden".

„Ich *werde* einen neuen Job finden".

Zu diesem Zeitpunkt fragt man ihn oder frage er sich dann: „Was wird der erste Schritt in der Jobsuche sein?"

Und wieder eine Liste:
- Inserate durchschauen
- Selbst ein Inserat aufgeben
- Zu einer Agentur gehen
- Alle Bekannte und Freunde fragen
- Zu den entsprechenden Firmen gehen
- Briefe mit meinem Lebenslauf aussenden ...

Und so weiter.

Dann kommt ein nächster Schritt: es geht darum, den Brief einer interessierten Firma zu beantworten, oder gar sich persönlich zu einem Interview einzufinden. Hier kann wieder die erwähnte Als-Ob Methode angewandt werden. Der Kandidat benimmt sich während des Interviews so selbstsicher, wie er gerne sein möchte und im Tiefinnersten auch ist. Der erste Eindruck hat eine selbsterfüllende Prophezeiung in sich. Wenn der erste Eindruck Selbstsicherheit zeigt, erwartet man Selbstsicherheit vom Kandidaten und dieser wird dadurch tatsächlich sicherer.

Auch hier kann eine Generalprobe in Form eines „Logodramas" helfen. Der Berater spielt die verschiedenen Rollen eines Interviewers, wie ihn der Ratsuchende fürchtet: aggressiv, mißtrauisch, negativ, kalt, oder auch darauf aus, den Kandidaten in eine Falle zu locken. Der Ratsuchende reagiert wie er idealerweise reagieren möchte. Wenn er es falsch macht, kann er die Reaktion verbessern, bis er die richtige Stimmung gefunden hat. Dabei kann auch eine milde Form der paradoxen Intention angewendet werden*, indem er das

---

* Die paradoxe Intention ist eine von Viktor F. Frankl in den dreißiger Jahren entwickelte Technik, die dazu dient, unerwünschte Verhaltensmuster (wie z. B. Angst- und Zwangsneurosen) zu ändern. Sie ist in den Büchern Frankls, Lukas' und Fabrys im Detail beschrieben. Sie besteht in der Hauptsache darin, daß man vor der unerwünschten (und oft gefürchteten) Situation nicht davonläuft, sondern ihr im Gegenteil mit Humor entgegentritt und sich genau das wünscht, was man fürchtet. „Der Wunsch nimmt der Angst den Wind aus den Segeln", wie Frankl es ausdrückt, und man beweist sich selbst, daß man Meister und nicht hilfloses Opfer seines Schicksals ist.

Gefürchtete übertreibt und sich vornimmt, alle die schrecklichen Dinge im großen Ausmaß über sich ergehen zu lassen, die er am meisten fürchtet, und zwar mit einem Schuß Humor:

„Ich werde diesem Chef etwas vorstottern, so daß er mich überhaupt nicht verstehen wird", oder: „Ich werde ihm was vorschwitzen, eine ganze Pfütze wird sich am Boden bilden, und er kann darin wegschwimmen, wenn er will". Oder: „So rot werde ich im Gesicht werden, daß er mich fragen wird, ob ich ein Indianer bin. Und natürlich wird mich der Schlag vor lauter Aufregung treffen".

Wie sich bei Anwendung der paradoxen Intention gezeigt hat, ist es ihm dann gar nicht möglich zu stottern, zu schwitzen, oder gar einen Schlaganfall zu bekommen, denn die Furcht schmilzt vor diesen humorvollen intendierten Formulierungen.

Hat der Ratsuchende seine selbstsichere Haltung (mit oder ohne paradoxe Beihilfe) in der Geborgenheit der Beratung geübt, wird er sie auch in der „wirklichen Welt" finden können, wenn er nur die Wahl seines Benehmens getroffen hat.

Wenn er sich in einer schwierigen Situation fühlt, aus der er selbst keinen Ausweg sieht, ist es manchmal nötig, ihm Alternativen vorzuschlagen. Der Berater ist wohl nicht berechtigt, eine Alternative *vor*zuschreiben, aber er kann sie *be*schreiben. Die Wahl muß dem Ratsuchenden vorbehalten bleiben.

Zum Beispiel: einer geschiedenen Frau ist gerichtlich das Recht abgesprochen worden, ihr Kind selbst großzuziehen. Sie liebt Kinder. Der Berater kann ihr verschiedene Situationen beschreiben, in denen sie Kindern helfen kann: als Helferin in einem Kinderheim, in einem Kinderspital, als Babysitter, auf einem Kinderspielplatz, in einer Schule, in einer Tanzschule, einem Zoo, etc. Wenn der Ratsuchende nach der Beschreibung einer bestimmten Situation sagt, „Ja, das möcht' ich schon", nur dann ist der Berater berechtigt, sie zum ersten Schritt in dieser Richtung zu ermutigen.

In einer Gruppensituation können diese Anregungen auch von den anderen Gruppenmitgliedern kommen. Aber auch hier nicht in Form eines gutgemeinten Ratschlags, sondern in einer Form, die dem Betreffenden die Wahl beläßt.
Zum Beispiel: „Wie *ich* in einer solchen Lage war, habe ich folgendes getan". Oder: „Wenn ich in einer solchen Lage wäre, würde ich das und das tun". Von diesen Lösungsvorschlägen kann sich der Ratsuchende dann denjenigen aussuchen, der ihm am meisten zusagt. Und wieder kommt die Frage auf: „Wenn Sie das versuchen wollen, was wäre der erste Schritt?"
Manchmal tauchen Alternativvorschläge in Phantasien oder Träumen auf. Diese können dann auch im Lichte des Tages betrachtet und erwogen werden. Unsere Wahlmöglichkeiten entstehen oft zuerst im Unterbewußtsein und können wichtige Hinweise geben.

Sokratische Dialogsätze, die auf Wahlmöglichkeiten hinzielen:
- Ein wacher Traum, der mir Freude macht
- Als ich einmal für etwas eintrat, woran ich wirklich glaubte
- Als ich einmal mit jemandem sprach, vor dem ich mich fürchtete
- Als ich einmal mehr Geld ausgab, als ich mir leisten konnte
- Als ich eine Entscheidung traf, an der ich Freude hatte
- Als ich eine Entscheidung traf, die mir später leid tat – was tat ich dann?
- Ich versäumte es, eine Entscheidung zu treffen, was mir später leid tat – was tat ich dann?
- Als ich eine Entscheidung traf, die ich ändern mußte
- Meine Entscheidung wurde kritisiert, aber ich blieb dabei
- Die schwierigste Entscheidung, die ich traf
- Ich glaubte, ich hätte keine Entscheidung getroffen, aber dem war nicht so
- Etwas, worin ich gerne Erfolg hätte
- Etwas, was ich gerne tun würde und noch nie getan habe

- Etwas, was ich aufgeschoben habe, das ich hätte sofort tun sollen
- Ich hätte jemandem etwas sagen sollen, aber tat es nicht
- Es war schwer nein zu sagen, aber ich tat es doch
- Die Maske, die ich zu zeigen beschloß, die mir aber nicht paßte
- Ich behandelte jemanden auf eine bestimmte Weise, weil er mich an jemand anderen erinnerte
- Jemand, den ich nicht leiden konnte, weil ich etwas Schlimmes über ihn gehört hatte
- Was ich von meinem Beruf erwarte
- Ein Zwiespalt, in dem ich mich befand
- Die Alternativen, die ich hatte, als ich Zwistigkeiten mit einem Freund hatte

Übung: Wahlmöglichkeiten und Ziele
(übernommen aus dem Buch „Everything to Gain – A Guide to Self-Fulfillment through Logoanalysis" von James C. Crumbaugh)

1. Machen Sie eine Liste Ihrer Lebensziele und Ihres Strebens
2. Machen Sie eine Liste Ihrer Stärken, die Ihnen im Leben Erfolge bringen (Persönlichkeit, Glück, Erfolg, Positives in der Vergangenheit)
3. Machen Sie eine Liste Ihrer Schwächen, die Ihnen im Leben Mißerfolge bringen (Persönlichkeit, Unglück, Versager, Negatives in der Vergangenheit)
4. Machen Sie eine Liste Ihrer Probleme, die Ihnen Nachteile oder inneren Konflikt brachten. In jedem Fall entscheiden Sie über folgendes:

Das Problem wurde verursacht	Das Problem besteht noch
von mir ________	ja ________
von anderen ________	nein ________
vom Zufall ________	

5. Machen Sie eine Liste von Hoffnungen, die Sie hegen
6. Machen Sie eine Liste Ihrer Pläne:
   unmittelbare ________________
   auf lange Sicht ________________

Nach drei Monaten wiederholen Sie diese Übung und vergleichen Sie die Resultate:

Positive Änderungen	*Anzahl*
1. Unrealistische Ziele, die jetzt weggelassen wurden	______
Praktische Ziele, die dazukamen	______
2. Erfolge und Stärken, die dazukamen	______
3. Mißerfolge und Schwächen, die weggelassen wurden	______
4. Probleme, die wegfielen	______
5. Praktische Hoffnungen, die dazukamen	______
Unrealistische Hoffnungen, die weggelassen wurden	______
6. Realistische Pläne, die dazukamen	______
Unmittelbare	______
Auf lange Sicht	______
Unrealistische Pläne, die weggelassen wurden	
Unmittelbare	______
Auf lange Sicht	______

Negative Änderungen	
1. Unrealistische Ziele, die dazukamen	______
Praktische Ziele, die weggelassen wurden	______
2. Erfolge und Stärken, die vernachlässigt wurden	______
3. Mißerfolge und Schwächen, die dazukamen	______
4. Probleme, die dazukamen	______
5. Realistische Hoffnungen, die weggelassen wurden	______
Unrealistische Hoffnungen, die dazukamen	______

6. Realistische Pläne, die weggelassen wurden ______
Unmittelbare ______
Auf lange Sicht ______
Unrealistische Pläne, die dazukamen
Unmittelbare ______
Auf lange Sicht ______

Dritter Weg zur Sinnfindung: unsere Einzigartigkeit

Ein dritter Weg, auf dem wir Sinn finden können, ist der unserer Einmalig- und Einzigartigkeit.

Eine Situation (eine Arbeit etwa), in der wir uns ersetzbar fühlen (durch jemand anderen oder gar durch eine Maschine), wird uns sinnlos erscheinen. Um Sinn zu finden, müssen wir uns daher auf Situationen konzentrieren, in denen wir einmalig, einzigartig sind. Natürlich ist niemand völlig unersetzlich, aber es gibt eine Menge Lebenslagen, in denen es einen Unterschied ausmacht, ob wir existieren oder nicht. Das ist besonders der Fall in zwei Situationen: in unseren schöpferischen Tätigkeiten und in unseren persönlichen Beziehungen mit anderen. Das Gedicht, das Gemälde, das Sie gemacht, oder die Musik, die Sie geschrieben haben, sind ausschließlich Ihre Schöpfung, und niemand wird sie genau so wie Sie gestalten. In Ihren Beziehungen zu Freunden, Eltern, Kindern, Enkeln, usw. sind Sie ebenfalls einzig und diese Beziehungen sind daher Sinn-ergiebig.

Die Suche nach Einmaligkeit sollte sich auch in diesen beiden Richtungen bewegen. Einer der besten Wege geht auch tatsächlich über das Schöpferische.

Nehmen Sie einen großen Bogen Papier und Buntstifte, und versuchen Sie, Ihr „Leben“ zu zeichnen. Es ist nicht nötig, daß Sie gut zeichnen, denn es kommt nicht darauf an, ein Kunstwerk zu produzieren, sondern Ihr Leben in seiner Einzigartigkeit zu zeigen. Sie sollen auch gar nicht viel nachdenken, sondern einfach darauf loszeichnen, was da aus Ihrem

Unterbewußtsein herausquillt. Die Zeichnung kann jede beliebige Form annehmen, eine chronologische Lebenslinie mit allem Auf und Ab, mit den Hauptereignissen, Wendepunkten, Hoch- und Tiefpunkten und Wegkreuzungen. Es kann, und soll sogar, voll von Symbolen sein, die Hauptereignisse Ihres Lebens darstellen. Es soll die Vergangenheit, Gegenwart, und auch die Zukunft aufzeichnen, Erinnerungen sowohl als auch Hoffnungen.

Danach sollten Sie möglichst mit einem vertrauten Menschen darüber sprechen. Sagen Sie, was die Zeichnung für Sie bedeutet, was die Symbole darstellen, und schenken Sie auch den Farben Aufmerksamkeit.

Als ich diese Übung selbst zum ersten Mal machte, war ich überrascht, daß ich den Tiefpunkt meines Lebens (ein Blitzstrahl, der Hitlers Besetzung meines Heimatlandes Österreich darstellte) mit demselben Orange zeichnete, wie den entscheidenden Wende- und Höhepunkt meines Lebens (die Begegnung mit Frankls Logotherapie 25 Jahre später). Nach dem Blitzstrahl ging mein Leben steil bergab, nach der Begegnung mit der Logotherapie ging es bergauf. Und doch war beides in derselben Farbe gezeichnet. Mit einem Schlag erkannte ich, was beidem gemeinsam war. Beides war ein Anlaß zu geistigem Wachstum gewesen. Was ich bisher als eine Katastrophe angesehen hatte (was es damals ja auch gewesen war), hatte sich später auch als eine Reifeprüfung herausgestellt, die – wie auch die Begegnung mit Frankl – viele meiner schlummernden Fähigkeiten erst erweckt hatte. Diese Erkenntnis war ein Aha-Erlebnis wichtigster Art.

Wenn diese Zeichenübung in einer Gruppe gemacht wird, werden die Zeichnungen der Reihe nach besprochen. Der Zeichner spricht zuerst über die Darstellung und seine Gefühle dabei, und dann können die anderen ihre Kommentare dazugeben, was oft zu zusätzlichen Ahaerlebnissen führt.

Die Einsicht über die Einmaligkeit einer Person kann dadurch gefördert werden, daß man den Betreffenden animiert, Familienphotographien und alte Briefe und Dokumente mitzubringen. Anhand dieser Dinge wird dann seine Beziehung zu seinen Freunden und Verwandten besprochen. Für wen bedeutet es einen Unterschied, ob er überhaupt auf der Welt ist? Wessen Existenz bedeutet einen Unterschied für ihn? Auch in dieser Hinsicht ist die vorhererwähnte Übung nützlich, in der man sich vorstellt, was andere bei seinem Begräbnis über ihn sagen werden.

Manchmal kann auch folgende Übung gemacht werden: Leeren Sie den Inhalt Ihrer Brieftasche (bei Männern) oder Handtasche (bei Frauen) auf den Tisch. Was sagt dieses Material über Sie aus?

Leute, die das Dramatische lieben, können eine „Adjektiv-Garderobe" anlegen. Stellen Sie sich vor, Sie hätten einen Kleiderschrank voll von Eigenschaftswörtern: stolz, bescheiden, fröhlich, traurig, ängstlich, mutig, usw. Suchen Sie sich eines dieser Adjektiv Kleidungsstücke aus, legen Sie es an, paradieren Sie darin herum. Wie fühlt es sich denn an? Paßt es Ihnen? Zu welchen Gelegenheiten würden Sie es tragen wollen? Versuchen Sie der Reihe nach andere der „Kleidungsstücke".

Welche dieser Eigenschaften macht Sie zu einer speziellen, einmaligen Person? Ihrem Vater gegenüber? Der Mutter? Einem Kind? Einem anderen Verwandten? Einem Freund? Ihrem Chef? Ihren Kollegen?

Haben Sie einen Lieblingsplatz, wo Sie ganz „Sie selbst" sein können? Was macht diesen Platz so besonders?

Einige Fragen, die auf die Erkenntnis Ihrer Einmaligkeit abzielen:

- Wer würde Sie rufen, wenn er in Not wäre?
- Wen würden Sie rufen, wenn Sie in Not wären?
- Wer würde für Sie ein Opfer bringen?
- Für wen würden Sie ein Opfer bringen? (Zeit? Geld? Leben?)

– Wer würde Sie vermissen, wenn Sie nicht da wären?
– Wen würden Sie vermissen, wenn er nicht da wäre?

Geben Sie Beispiele für die folgenden Situationen:
– Eines der nettesten Dinge, das mir passiert ist
– Ein Traum, von dem ich wünschte, er wäre Wirklichkeit
– Als ich eine Überzeugung aussprach, mit der niemand einstimmte
– Eine Fähigkeit, die ich gelernt habe, von der ich vor einem Jahr nichts wußte
– Wie ich ein Hindernis überwunden habe
– Eine Gelegenheit, bei der ich spürte, daß ich Teil eines Ganzen war
– Als jemand meine Ansicht nicht akzeptieren wollte
– Als mich jemand gern hatte
– Eine Gelegenheit, bei der ich meine Maske abnahm
– Als man mich zurückwies, weil ich anders war
– Etwas, was ich anders sehe als meine Eltern
– Ein Wendepunkt in meinem Leben
– Ich fand eine Möglichkeit etwas zu tun, an die noch niemand gedacht hatte
– Dinge in meiner Umgebung, die mich positiv beeinflussen
– Was ich eines Tages schaffen möchte
– Als jemand mir Beachtung schenkte
– Eines der nettesten Komplimente, die man mir jemals gemacht hat
– Ein Ort, an dem ich mich sicher fühlte
– Eine Person, mit der ich mich sicher fühlte
– Jemand, der mir vertraut
– Eines der nettesten Dinge, die ein Freund für mich tat

Übung: Ihre Lieblingstätigkeiten
Fertigen Sie eine Liste von 20 Dingen an, die Sie gerne tun. Schreiben Sie einen Betrag neben alle Punkte, die mehr als *DM 5,–* kosten

Ein *A* neben alle Punkte, die Sie gerne allein tun
Ein *P* neben alle Punkte, die Sie gerne mit anderen Personen tun
(Es gibt natürlich Dinge, die ein A *und* ein P verdienen)
Ein J neben alle Punkte, die Sie vor fünf Jahren nicht genannt hätten
Ein *W* neben alle Punkte, die Sie innerhalb der letzten zwei Wochen tatsächlich getan haben
Ein *B* neben alle Punkte, die mit Ihrem Beruf zu tun haben.

Nun wählen Sie die fünf, die Sie am liebsten machen und arrangieren Sie diese von 1 bis 5. Was sagt die Liste über Sie und Ihre Einzigartigkeit aus? Was überrascht Sie? Daß Ihre Lieblingstätigkeiten kostspielig/nicht kostspielig sind? Daß Sie so viel allein/mit anderen Personen machen? Daß Sie sich in den letzten Jahren geändert/nicht geändert haben? Daß Sie so viel/so wenig von den Dingen, die Sie gerne machen, auch tatsächlich tun? Daß so vieles/so weniges mit Ihrem Beruf zusammenhängt? Was denken Sie von Ihrer Liste? In welcher Weise möchten Sie die Liste in den nächsten Jahren ändern? Wären Sie zufrieden, wenn Sie in 5 Jahren dieselbe Liste schreiben würden?
Bei Ehepaaren: kann der Partner die ersten 5 Punkte des anderen erraten?
Welches sind Ihre Gefühle, wenn Ihr Partner Ihre Liste gut/nicht gut errät?

Übung: Drei Wünsche

Wenn Sie drei Wünsche hätten, was würden sie sein?
(Sie können nicht mehr als drei Wünsche haben)

1. ______________________________
2. ______________________________
3. ______________________________

Welche menschlichen Bestrebungen erfüllen diese Wünsche?

1. Bestreben nach ______________________________

2. Bestreben nach ______________________________

3. Bestreben nach ______________________________

Wie können Sie praktisch, in Ihrer Situation, diese Bestrebungen erfüllen?

1. ______________________________

2. ______________________________

3. ______________________________

Was würde Ihr erster Schritt in dieser Richtung sein?

1. ______________________________

2. ______________________________

3. ______________________________

Vierter Weg zur Sinnfindung: Verantwortung

Der vierte Weg zur Sinnfindung, die Verantwortung, ist die Kehrseite des zweiten Weges, der Wahlmöglichkeiten. Wenn wir von der Voraussetzung ausgehen, daß jeder Moment uns eine Sinnmöglichkeit bietet, ist es doch nicht so, daß jede Wahl sinnbringend ist, sondern nur jene, die mit Verantwortung getroffen werden. *Ver*antwortung heißt hier soviel wie *Be*antwortung der Forderung, die der Moment an uns stellt – mag diese Forderung nun als vom Schicksal kommend, oder von anderen Personen, von den Umständen, oder auch von Gott kommend gesehen werden. Bevor wir eine sinnvolle Wahl treffen, müssen wir uns fragen, ob sie in Beantwortung der Fordernisse des Moments getroffen wird.

Wie wissen wir, was eine verantwortliche Wahl des „Sinnes des Augenblicks" ist? Wieder haben wir die Hilfe der „Werte", das heißt, wir wählen eine Handlung, die Millionen andere Menschen vor uns in ähnlichen Situationen als sinnvoll erkannt haben. Wir folgen Geboten, Gewohnheiten, dem „gesunden Menschenverstand". Das genügt in Standardsituationen, also in den meisten Fällen. Aber in der heutigen Zeit gibt es Situationen, in denen die Standardantwort nicht genügt und wir unsere eigenen Antworten und Ver-antwort-ungen aus unseren tiefsten Quellen finden müssen. Hier ist ein krasses Beispiel:

Als Hitlers Truppen am 13. März 1938 in Wien einmarschierten, versuchten die am schwersten Bedrohten noch am selben Abend zu entfliehen. Unter ihnen waren die beiden Komiker des Wiener „Simpl", Karl Farkas und Fritz Grünbaum. Nicht nur waren sie Juden, sie hatten auch vielfach Witze erzählt, die sich über den Nationalsozialismus lustig machten. Sie bestiegen einen Zug nach Bratislava. Als der Zug die tschechoslovakische Grenze erreichte, kam ein tschechischer Beamter in den Wagen und erklärte, die Grenze sei gesperrt und der Zug müsse zurück nach Wien. Während alle in kalter Stille dasaßen, sprang Farkas auf, ging auf den Beamten zu, gab ihm eine Ohrfeige und nannte ihn einen Idioten. Er wurde verhaftet und der Zug ging mit den anderen Passagieren nach Wien zurück. Am nächsten Tag erließ die tschechische Regierung einen Erlaß, der die Grenze zwar als gesperrt erklärte, aber denen, die bereits auf tschechischem Boden weilten, erlaubte, dort zu bleiben. Farkas, im tschechischen Gefängnis, durfte bleiben, kam später nach Amerika und kehrte nach dem Krieg nach Wien zurück, wo er wieder ein beliebter Komiker im Simpl wurde. Sein Partner, Grünbaum, der den Werten seiner Gesellschaft gefolgt war und den Beamten nicht geohrfeigt hatte, ging in einem Konzentrationslager zugrunde.

Dieses Beispiel will nicht sagen, daß man Beamte ohrfeigen und sie Idioten nennen soll, sondern nur, daß es eben besondere Momente gibt, in denen man ungewöhnliche Reaktionen auf außergewöhnliche Situationen finden muß. Gewiß, die geschilderte Situation ist besonders ungewöhnlich. Aber wir leben heute in einer Zeit, in der es immer mehr Situationen gibt, für die die Sitten und Gebräuche – nach dem Urteil der einzelnen – nicht die angemessene Antwort sind. Denken wir nur an die Kriegsdienstverweigerer, die sich im besonderen Fall gegen das durch Jahrhunderte akzeptierte Gesetz auflehnen, das jungen Männern befiehlt, für's Vaterland zu kämpfen und zu sterben, wenn dieses sie ruft. Oder denken wir an die Frauen, die in individuellen Fällen beschließen, sich gegen das Gebot ihrer Kirche aufzulehnen und Geburtenkontrolle zu üben. Sie marschieren, wie der amerikanische Philosoph Henry Thoreau es schon im vorigen Jahrhundert ausdrückte, im Takt eines „anderen Trommlers" – eines Trommlers, den nur sie hören und dem nur sie folgen müssen, den Trommler ihres eigenen Gewissens.

Die Werte der Gesellschaft abzulehnen und dem eigenen Gewissen zu folgen, ist eine schwere Verantwortung, die nicht leicht genommen werden darf. Wenn so eine Person, von Zweifeln gequält, zu einem Berater kommt, bedarf es eines tiefschürfenden Sokratischen Dialoges, um herauszukristallisieren, was der Betreffende wirklich als seine Verantwortung ansieht. Da kann man viele der in diesem Buch besprochenen Methoden anwenden – Logodramen, Phantasien, Träume, und besonders das bereits erwähnte Listenmachen, mit den erwünschten und unerwünschten Folgen. Man kann sein geistiges Gehör verfeinern, bis man die Stimme seines innersten Gewissens hören kann. Nie kann man vollkommen sicher sein, denn das menschliche Gewissen kann, wie alles Menschliche, auch irren. Man kann aber, wie der Harvardprofessor Gordon Allport es ausdrückte, seiner Sache zwar nur halbsicher sein und doch mit voller Überzeugung handeln.

Frankl selbst betont immer wieder, daß der Mensch seine ihm gegebene Freiheit nicht willkürlich gebrauchen darf, sondern nur in verantwortlicher Weise. „Es ist etwas Furchtbares um die Verantwortung des Menschen", sagt er in seinem Buch *Trotzdem Ja zum Leben sagen,* „und zugleich etwas Herrliches. Furchtbar ist es: zu wissen, daß ich jeden Augenblick Verantwortung trage für den Nächsten; daß jede Entscheidung, die kleinste wie die größte, eine Entscheidung ist ‚für alle Ewigkeit'; daß ich jeden Augenblick eine Möglichkeit, die Möglichkeit des einen Augenblickes, verwirkliche oder verwirke ... Doch herrlich ist es: zu wissen, daß die Zukunft, meine eigene Zukunft und mit ihr die Zukunft der Dinge, der Menschen um mich, irgendwie – wenn auch in noch so gerin-

gem Maße – in jedem Augenblick abhängig ist von meiner Entscheidung.
Hinter dieser Philosophie verbirgt sich etwas ganz Praktisches in der Beratung Zweifelnder. Es gibt heute viele Menschen, die sich verantwortlich fühlen für Dinge, über die sie keine Kontrolle haben und für die sie daher nicht verantwortlich sind. Das Resultat eines solchen unbegründeten Verantwortungsgefühles ist ein Schuldgefühl, und zwar ein unnötiges und vermeidbares. Viele Leute gehen durch's Leben und fühlen sich schuldig am Tod eines geliebten Menschen, an der Scheidung ihrer Eltern, an einem Ungeliebtsein, an der Tatsache etwa, daß der Vater die Familie verlassen hatte. Oft ist dieses Schuldgefühl unbewußt, aber darum nicht weniger schmerzlich.
Andererseits gibt es auch viele Leute, die keine Verantwortung übernehmen, wo sie Verantwortung tragen – Eltern ihren Kleinkindern gegenüber, etwa, oder Kinder ihren alten Eltern gegenüber; man gewährt Nachbarn, die sie brauchen, keine Hilfe; man hat Kranke nicht besucht bevor es zu spät war. All das kann Probleme hervorrufen, bewußte und unbewußte Schuldgefühle. Es ist in der Beratung wichtig, Leuten zu helfen, sich nicht schuldig zu fühlen, wenn sie keine Verantwortung tragen, und ihre Schuld in positiver Weise durchzuarbeiten, wenn sie verantwortlich sind. Schuld kann eine unerträgliche Last sein, oder ein befreiender Lehrmeister.
Eine Frau, zum Beispiel, die sich schuldig fühlte, weil sie einen alten Freund im Spital nicht besucht hatte, als er noch am Leben war, gewann die Einsicht, daß es nutzlos war, sich durch dieses Schuldgefühl foltern zu lassen. Der Freund war tot, man konnte nichts wiedergutmachen. Aber sie beschloß, aus dieser Episode zu lernen und von nun an, Krankenbesuche nicht unnötigerweise hinauszuschieben. „Die Schuld machte mich zu einer neuen Person, und diese Person trägt eine Verantwortung, die die alte abgelehnt hatte", sagte sie.
In der Beratung ist es wichtig, Leuten zu unterscheiden hel-

fen, wo sie Verantwortung tragen, und wo nicht. Ein Beispiel dafür ist ein Fall, den Frankl für eine Demonstration vor Studenten vorgesetzt bekam. Es handelte sich um eine übergewichtige Frau von 150 Kilo, die unter schweren Neurosen litt: sie zog sich vom Leben zurück, lebte allein, ihre Ehe war in die Brüche gegangen, sie hatte keine Arbeit. Sie war in psychotherapeutischer Behandlung, aber ohne Erfolg. Es stellte sich heraus, daß ihr Übergewicht die Folge einer Drüsenkrankheit war. Zu ihrem und der Studenten Erstaunen kümmerte sich Frankl nicht viel um ihr Gewicht, oder um ihre Diät, sondern unterhielt sich mit ihr über die Dinge, die sie gerne machen wollte. Er sagte ihr: „Sie sind *nicht* verantwortlich dafür, daß Sie übergewichtig sind. Ihr Körper tut Ihnen das an und wir können Ihnen nicht helfen. Sie *sind* aber verantwortlich dafür, wie Sie als übergewichtige Frau leben. Sie können alle die Dinge machen, die Sie machen möchten – Bücher lesen, Musik hören, wieder Buchhaltungsarbeiten machen, Freunde einladen. Bergkraxeln werden Sie wohl nicht können, aber Sie können auch mit 150 Kilo ein sinnvolles Leben führen." Diese paar Sätze, so sagte sie später, hatten ihr mehr geholfen, als jahrelange Psychotherapie.

Übung: Geben Sie Beispiele für die folgenden Situationen:

- Ich lernte etwas durch ein Versagen
- Was ich in Zukunft lernen möchte
- Was ich mir selbst beigebracht habe
- Ich zwang mich zu etwas und fühlte mich nachher wohl
- Ich besserte mich, nachdem ich etwas falsch gemacht hatte
- Wofür es sich zu sparen lohnt
- Ich übernahm für andere eine Verantwortung und war froh darüber
- Ich übernahm für andere eine Verantwortung und bereute es
- Niemand konnte mir sagen, was ich tun sollte, und die Entscheidung war mir überlassen

- Ich erreichte etwas, obwohl es allerhand Schwierigkeiten gab
- Ich tat etwas, worauf ich stolz bin
- Ich beendete etwas, obwohl es mir schwer gefallen war, es zu beginnen
- Ich benützte meinen Ärger in positiver Weise, so daß er mir half
- Ich ärgerte mich über jemanden und ließ meinen Ärger an jemand anderem aus
- Ich überwand meinen Ärger
- Meine Lieblingsentschuldigung
- Eine neue Verantwortung, die ich übernommen habe
- Ich hielt ein Versprechen.

Fünfter Weg zur Sinnfindung: Selbsttranszendenz

Unter „Selbsttranszendenz“ verstehen wir die ausschließlich menschliche Fähigkeit über sich selbst hinauszuwachsen und etwas zu tun um einer Sache willen, die uns wichtig ist, oder einer Person willen, die uns etwas bedeutet.

Solange wir etwas nur um unserer selbst willen tun, um unsere eigenen Gelüste oder unsere Triebe zu befriedigen, wird diese Tätigkeit auf die Dauer nicht sinnvoll erscheinen. Wir sagen nicht, daß wir unsere Selbstinteressen verneinen sollen, wohl aber, daß wir andere Menschen in unsere Interessen mit einbeziehen sollen, selbst wenn das manchmal einen Verzicht erfordert. Selbsttranszendenz kommt dann ins Spiel, wenn wir einen Grund zum Handeln haben, der auf andere Rücksicht nimmt.

Therapeutisch ist Selbsttranszendenz deshalb so ergiebig, weil die Sinnfindung gerade auf dem Gebiet möglich ist, auf dem man sich vom Schicksal besiegt fühlt. Eine Niederlage wird in einen Sieg umgeformt.

Ein Beispiel: Ein 60jähriger Mann wird in ein Krankenhaus eingeliefert. Diagnose: unheilbarer Krebs, Lebensfrist nur noch wenige Monate. Nach dem ersten Schock sagt der Mann: „Wenn Sie glauben, ich werde meine letzten paar Monate mit Selbstmitleid vergeuden, irren Sie sich.“ Er ging in der Abteilung für unheilbare Krebskranken von Bett zu Bett und sprach mit den Patienten über ihre Lage. Er konnte mehr Hilfe spenden als alle Ärzte und Krankenschwestern, denn er konnte ihnen sagen: „Ich weiß genau, was Du fühlst, ich bin in derselben Lage. Aber das Leben hat nicht aufgehört, einen

Sinn zu haben, nur weil wir wissen, was andere Menschen nicht wissen: wie lange es noch dauern wird." Die Patienten sprachen von vielem, das sie bedrückte und wovon sie mit anderen nicht sprechen konnten oder wollten: Ihre Sorge um die Hinterbliebenen, die noch unerledigten Dinge, die sie vielleicht nie mehr erledigen konnten, die quälende Frage, ob ihr Leben überhaupt einen Sinn gehabt hatte, und wenn, dann welchen. Durch seine in die Tiefe gehenden Gespräche half der Mann vielen anderen Patienten, und zu gleicher Zeit half er sich selbst.

Es gibt eine Hilfe, die nur ein Blinder anderen Blinden spenden kann, nur ein an den Rollstuhl Gefesselter anderen seiner Schicksalsgenossen, nur ein Alkoholiker anderen Alkoholikern.

Wieder ist es ratsam, sich eine Liste anzufertigen, wie man sein Schicksal durch eine grundlegende Einstellungsmodulation in eine positive Richtung lenken kann. Wie können wir unsere Beschränkungen durch Hilfe, die wir anderen leisten, in einen persönlichen Triumph verwandeln? Die Literatur ist voll von Beispielen. Hier sind zwei, die Frankl selbst in seinen Vorträgen erwähnt:

Eine jüdische Frau trägt ein Armband mit Milchzähnen ihrer Kinder. „Das hier ist von Miriam," sagt sie, „dieses hier von Samuel, dieses von Sarah ..." Sie hat neun im ganzen, neun Kinder, die alle in Konzentrationslagern ums Leben gekommen waren. Auf die betroffene Frage, wie sie imstande sein konnte, ein solches Armband zu tragen, antwortet sie einfach: „Ich bin heute die Direktorin eines Waisenhauses in Israel."

Ein Mann, den das Schicksal dazu bestimmt hat, den Abfall einer Stadt einzusammeln, ist gewiß in seiner beruflichen Sinnfindung beschränkt. Und doch hat einer von diesen einen Weg gefunden: Er sucht sich aus dem Abfall zerbrochene Spielzeuge heraus und verbringt seine Abende damit, sie zu reparieren. Er bringt dann die reparierten Spielzeuge in ein

Kinderheim in einem Armutsviertel der Stadt, und erfreut sich an der Freude, die er den Kindern bringt.

Übung: Geben Sie Beispiele für folgende Situationen:

- Ich lernte es, mich mit jemandem zu vertragen, der anders dachte als ich
- Ich lehrte jemanden etwas
- Ich tat etwas für jemand anderen
- Ich nahm ein Risiko auf mich
- Eine Arbeit, die mich freute, obwohl sie unbezahlt war
- Eine Arbeit, die ich ungern tat, obwohl sie bezahlt war
- Ich half jemandem, obwohl ich es eigentlich gar nicht wollte
- Ich machte eine besondere Anstrengung, um etwas zu tun, woran ich glaubte
- Ich half jemandem in Schwierigkeiten aus
- Ich zwang mich, in einer Gruppe von Leuten zu bleiben, die ich nicht kannte
- Ich gewann jemanden lieb, obwohl ich ihn zuerst nicht leiden konnte
- Ein Freund, der wirklich anders denkt als ich
- Ich verzichtete darauf, etwas zu tun, weil ich wußte, es würde jemandem weh tun
- Als ich mich einmal in die Lage eines anderen versetzte
- Jemand war beglückt wegen einer Bemerkung, die ich gemacht hatte
- Ich half jemandem, der meine Hilfe brauchte
- Ich glaubte, ich würde jemandem helfen, und dann verdarb ich alles
- Jemand brauchte Hilfe, konnte sie aber nicht annehmen
- Ich wollte helfen, wußte aber nicht wie
- Ich half jemandem, ohne darum gebeten worden zu sein
- Ich fragte jemanden, ob ich ihm helfen könnte
- Ich schloß Freundschaft und alles ging gut aus
- Als ich viel Vergnügen hatte mit einem Freund.

Sokratischer Dialog

Der „Sokratische Dialog" wird zwar besonders in der Beratung durchgeführt läßt sich aber auch weitgehend von Partnern oder Einzelpersonen in Eigenarbeit anwenden (Papier und Bleistift!).

Sokratische Dialoge oder Selbstfindungsgespräche sind Dialoge, die in die Tiefe gehen und zutage fördern, was Sie im tiefsten Innern wissen:

- Wer Sie *sind*
- Wer Sie sein *können*
- Wer Sie sein *wollen*
- Was Sie für sinnvoll halten
- Welche Ziele Sie haben – unmittelbare und auf lange Sicht
- Welche Werte Sie hochschätzen
- Welche Werte Ihre eigenen sind und welche von außen her auf Sie einwirken (Eltern, Gesellschaft, Religion, etc.)
- Um welcher Person oder Sache willen Sie Opfer bringen würden.

Zwecke und Ziele des Sokratischen Dialogs
Selbstdistanzierung zwischen Ihrer Person und Ihren Problemen oder Symptomen.
Solange Sie sagen: „Ich *bin* ein Versager", werden Sie ein Versager bleiben. Solange Sie sagen: „Ich *bin* impotent, ich *bin* ein hilfloses Opfer meiner Furcht oder meiner Depression", ist Ihnen schwer zu helfen. Hilfe ist aussichtsreich, wenn Sie sich als eine Person mit allerlei Möglichkeiten se-

hen, die wohl zuweilen Momente des Versagens *hat,* die Perioden von Impotenz *hat,* die Depressionen und Ängste *hat.* Was Sie *sind,* ist ein integraler Teil von Ihnen, was Sie *haben,* können Sie auch wieder loswerden. Sie haben Depressionen, aber die Depression hat nicht Sie im Griff.

Auch hier gibt es Übungen, die helfen können. Wenn Sie eine Depression herannahen sehen, können Sie sagen: „Liebe Depression, Du kommst mir gerade recht ungelegen. Ich muß das Abendbrot für meinen Mann vorbereiten und nachher sind wir eingeladen. Komm doch morgen früh um zehn, dann kann ich mich dir voll widmen. Du wirst ganz erstaunt sein, wie deprimiert ich dann sein werde. Du wirst mit mir zufrieden sein."

Auch hier wieder ist ein bißchen Humor nützlich, um die paradoxe Intention ins Spiel zu bringen.

(Natürlich geht so etwas nicht mit schweren und physisch bedingten Depressionen. Da muß wohl ein Arzt die nötigen Mittel verschreiben, bevor man eine Selbstdistanzierung bewirken kann.)

Ähnlich ist es mit der Furcht. Um eine Selbstdistanzierung zu bewerkstelligen, kann man ihr einen Namen geben, mit der sie identifiziert wird, z. B. Herr Zitterbein. Der Patient mag zum Berater kommen (siehe Lukas, *Auch Dein Leben hat Sinn,* Seite 141), vollkommen erschöpft, weil er aus Furcht vor überfüllten Bussen zu Fuß gekommen war. Der Berater fragt ihn: „Haben Sie eigentlich Ihre Angst auch hierher mitgebracht oder haben Sie sie draußen auf der Straße vergessen?" Und wenn der Patient erstaunt ist, erklärt der Berater: „Ja nun, jetzt haben Sie doch keine Furcht mehr, Sie müssen sie draußen vergessen haben, das geht doch nicht, jemand könnte sie finden, das ist ja unverantwortlich." Um die Selbstdistanzierung recht deutlich zu machen, legen beide ihre Mäntel an und gehen Herrn Zitterbein suchen.

„Haben Sie ihn an dieser Ecke stehen lassen, oder etwa hier?"

fragt der Berater. „Sie müssen ihn selbst finden, denn für mich ist Herr Zitterbein ja unsichtbar." Wieder hilft etwas Humor.

Selbstdistanzieren kann auch im „Logodrama" erzielt werden. Der Patient sitzt auf einem Stuhl, und ihm gegenüber, auf einem zweiten Stuhl, sitzt „Herr Zitterbein" oder Herr „Immer-geht-alles-schief", oder was immer das störende Symptom ist. Sie führen einen Dialog, bei dem die Rolle des Symptoms zuerst vom Berater, später vom Patienten selbst gespielt wird.

Einstellungsmodulation. Ist die Selbstdistanzierung gelungen und identifiziert sich der Beratene nicht mehr mit seinen Symptomen, kann eine Einstellungsmodulation angestrebt werden.

Im Grunde muß die Einstellung, „Warum ist mir das passiert?" geändert werden zu: „Es ist passiert – was kann ich jetzt tun?" Natürlich ist eine solche Einstellungsmodulation nur dann geboten, wenn sich die Situation selbst nicht ändern läßt. Läßt sie sich ändern, dann besteht der „Sinn des Momentes" darin, sie in eine sinnvolle umzugestalten. Eine Einstellungsmodulation ist angebracht, wo es sich um unveränderbare Situationen handelt. Das Augenmerk wird von den versperrten Türen auf die Türen gelenkt, die noch offen stehen oder geöffnet werden können. Es wird vom dürren Boden und Unkraut weggelenkt zu den Blumen, die noch blühen oder mit etwas Sorgfalt zum Blühen gebracht werden können. Man kann diese Vergleiche drastisch durch Zeichnungen zum Ausdruck bringen. Man sagt: „Zeichnen Sie sich selbst in einem Zimmer mit viel Türen. Welche sind für sie immer verschlossen? Bezeichnen Sie diese mit Aufschriften oder Symbolen. Es hat keinen Sinn, diese Türen einrennen zu wollen, das wäre so, als wollte man gegen eine Wand rennen, man bekommt bloß einen blutigen Kopf. Welche Türen stehen offen oder können mit einiger Anstrengung geöffnet werden? Bezeichnen Sie auch diese mit Aufschriften oder Symbolen. Was wäre nötig, sie zu öffnen?

Im allgemeinen soll die Einstellungsmodulation wegführen von der Einstellung „Ich bin ein hilfloses Opfer" (meiner Triebe, Vererbung, Umgebung, meiner Vergangenheit) zu der Einstellung „Ich kann immer noch etwas tun, um meine Situation zu verbessern." Die Trotzmacht des Geistes wird gestärkt und man sagt sich: „Ich muß mir nicht alles von mir selbst gefallen lassen."

Die Betonung liegt auf folgendem:

Alternativen *sind* möglich.

Alte Verhaltensmuster *können* geändert werden.

Sinnfindung *ist* möglich in allen Situationen.

Das Leben *hat* Sinn unter allen Umständen.

In allem kann etwas Positives gefunden werden.

Fehler, Versagen, Krankheit, Tod können als Lernmöglichkeiten dienen.

Aufmerksamkeit wird auf Ziele, Zwecke, Aufgaben, Werte, Freiheit und Verantwortung gelenkt – und nicht auf Triebe und Lustbefriedigung (wie in der Psychoanalyse) oder auf mechanistische Vorgänge (wie in der Verhaltenstherapie).

Der Sokratische Dialog ist keine intellektuelle Diskussion, sondern ein Lehren durch Erfahrung mittels:

- Erinnerung an Gipfelerlebnisse
- Phantasieren in einem positiven Sinn
- Diskussion von Träumen
- Beispiel aus dem eigenen Leben und dem Leben anderer
- Erinnerung an sinnvolle Begebenheiten in der Vergangenheit

Das Lernen wird nicht durch Überredung oder Manipulation bewirkt, sondern durch das Besprechen oder das direkte Erleben von sinnvollen Erfahrungen. Das Leben wird als der beste Lehrer gezeigt.

Fragen in einem Sokratischen Dialog
Die Möglichkeit der Fragen, die in einem Sokratischen Dialog gestellt werden können, ist unbegrenzt. Viel hängt hier von der Situation, der Person des Betreffenden ab. Hier sind Beispiele nützlicher Fragen in einem Sokratischen Dialog:

Womit verdienen Sie sich Ihren Unterhalt?
Worin liegt da der Sinn?
In der Arbeit selbst? Den Mitarbeitern? Dem Geld, das Sie verdienen?
Dem Zweck, wofür Sie das Gehalt verwenden?
Wenn Sie finanziell unabhängig wären, würden Sie die Arbeit verrichten wollen, die Sie jetzt tun?

Was sind Ihre Hobbies? Ihre freiwilligen Tätigkeiten?
Was ist Ihre Familiensituation?
Wie viele Freunde haben Sie, mit denen Sie ehrlich über sich selbst sprechen können?

Wie verteilt sich Ihr Sinn über Arbeit, Hobbies, Familie und Freunde?
Zeichnen Sie das anteilmäßig in einen Kreis ein.

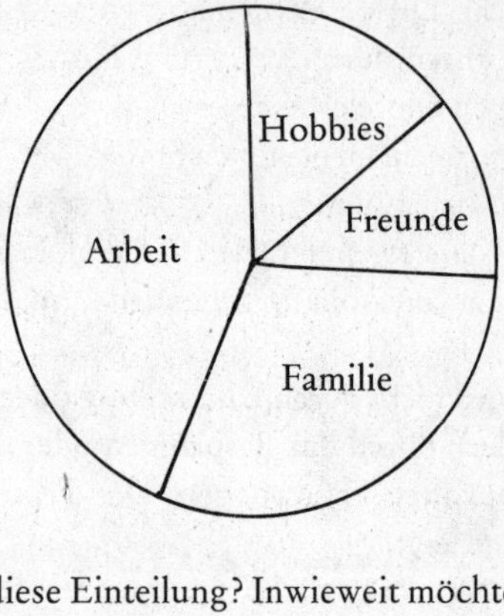

Befriedigt Sie diese Einteilung? Inwieweit möchten Sie sie ändern?

Beschreiben Sie eine oder mehrere Situationen in Ihrem Leben, in denen Sie sich glücklich gefühlt haben. Ist irgend etwas davon noch heute bestehen geblieben? Kann irgendetwas davon wieder reaktiviert werden?
Beschreiben Sie kurz eine oder mehrere Episoden Ihres Lebens, in denen Sie sich unglücklich (ohne Sinn) fühlten. Wie lange ist das her? Wenn Sie nun auf diese Episoden zurückblicken, hat sich irgend etwas Gutes aus ihnen ergeben? Etwas, was Sie damals noch nicht erkennen konnten?
Welche Tätigkeiten, bezahlt oder unbezahlt, haben Sie jemals befriedigt?

- Unter welchen Umständen fühlen Sie sich gut?
- Wer kümmert sich darum, ob Sie da sind oder nicht?
- Wer fehlt Ihnen, wenn er (sie) nicht da ist?
- Können Sie sich an eine Situation in der Vergangenheit erinnern, in der Sie das Gefühl hatten, in der Patsche zu sitzen?
- Haben Sie jetzt das Gefühl in der Patsche zu sitzen? Beschreiben Sie Ihr Problem. Welche Möglichkeiten haben Sie, ihm zu entkommen?
- Was waren Ihre größten Versager? Ihre größten Erfolge?
- Zählen Sie ein paar Dinge auf, die Sie sich für nächstes Jahr erhoffen? Für die nächsten fünf Jahre? Zehn?
- Was hält Sie davon ab, etwas zu tun, um diese Dinge zu verwirklichen?
- Welche Möglichkeiten haben Sie, diese Dinge zu verwirklichen?
- Beschreiben Sie Situationen in Ihrem Leben, in denen Sie das Gefühl einer geordneten, guten Welt hatten.
- Wie würden Sie sich beschreiben? Was für Art von Mensch sind Sie?
- Was für Art von Mensch möchten Sie gerne sein?
- Was tun Sie, wenn die Dinge nicht so gehen, wie Sie wollen?
- Was wünschen Sie sich, daß Ihnen passiert?

– Was können Sie gut? Wofür haben Sie Talent?
– Wie benehmen Sie sich, wenn man Sie kritisiert?
– Was gefällt Ihnen an sich selbst?
– Was haben Sie in den letzten paar Monaten getan?
– Wie war Ihr Lebensgefühl in den letzten drei Monaten?
– Was sind Ihre Ziele auf lange Sicht?
– Was ist das nächste Ziel, das Sie erreichen möchten?
– Was für Empfindungen haben Sie im Augenblick?
– Wie empfinden Sie dieses Gespräch?
– Was brauchen Sie, um sich wohl zu fühlen?
– Was ist momentan Ihre größte Hoffnung?
– Was steht im Wege?

Werte

Wie erwähnt, brauchen wir uns nicht in jeder neuen Situation den Kopf zu zerbrechen, was ihr Sinn ist und wie wir uns verhalten sollen. Wir folgen einfach den „Werten“, die andere vor uns in solchen Situationen sinnvoll gefunden haben. Die Werte kommen von unserer Umgebung, Familie, der Kirche, dem Staat, unserem Freundeskreis, und sonstigem, was Freud als „Über-Ich“ bezeichnet hat.

Wenn wir den Werten folgen, erleichtert das unsere Sinnentscheidungen, enthebt uns aber nicht ganz der Qual der Wahl. Oft gibt es verschiedene Werte, die sich widersprechen, und solche Wertkonflikte können „noogene“ Neurosen hervorrufen, die sich in körperlichen oder seelischen Krankheiten auswirken können. So entwickelte eine Frau heftige Migräne, als ihre Kinder alt genug waren, um in den kirchlichen Unterricht geschickt zu werden. Sie stand vor einem unbewußten Konflikt zwischen den Werten ihrer Eltern, mit denen sie aufgezogen worden war (religiös) und denen ihres Mannes und ihres neuen Freundeskreises (humanistisch, man will sonntags lieber wandern gehen). Oder eine Frau mag in einen Wertkonflikt geraten, wenn sie eine Scheidung erwägt und nicht entscheiden kann, ob ihr die Freiheit und ihre Selbstentwicklung wertvoller ist als die finanzielle und emotionelle Sicherheit der Ehe.

Es ist daher für viele Hilfesuchende wichtig zu wissen, was ihre Werte sind und was ihre Werthierarchie ist; auch, welche Werte ihre eigenen sind, und welche von außenher kommen, etwa von Vater oder Mutter. Die folgende, vielleicht etwas komplizierte Übung soll Klarheit schaffen.

Übung: Ihre Werthierarchie

Hier ist eine Liste von 20 Werten:

1. Reichtum
2. Freundschaft
3. Sex
4. Guter Ruf
5. Guter Nachruf nach dem Tode
6. Liebe
7. Vorbild
8. Gesundheit
9. Heldenhaftigkeit
10. Nützlichkeit für andere
11. Ruhm
12. Macht, Schönheit
13. Intellekt
14. Abenteuer und neue Erfahrungen
15. Glücklichsein
16. Weisheit
17. Erfüllung religiöser Ziele
18. Gemütsruhe
19. Zugehörigkeit zu einer Gruppe
20. Finden von Identität.

Der Zweck dieser Übung ist herauszufinden, wie Sie diese Werte einstufen. Jeder Wert wird mit jedem andern Wert verglichen (nächste Seite). Vergleichen Sie also 1 (Reichtum) mit 2 (Freundschaft) und kreisen Sie den höheren Wert in der ersten Rubrik ein.

Vergleichen Sie dann 1 mit 3, dann mit 4, usw. bis 20. Dann gehen Sie in die zweite Rubrik und vergleichen Sie 2 mit 3, 4, 5, usw. bis 20. Tun Sie das mit allen Rubriken, die natürlich immer kürzer werden. Der letzte Vergleich ist 19 mit 20. Addieren Sie dann alle eingekreisten Einser aus allen Rubriken und tragen Sie die Zahl in das Quadrat unter der ersten Rubrik ein. Tun Sie dasselbe mit allen Zweiern, Dreiern, usw. die Sie in allen Rubriken eingekreist haben und tragen Sie die Zahl in das entsprechende Quadrat ein. Das gibt Ihnen einen Begriff, nicht nur von Ihrer Werthierarchie, sondern auch von den Werten, die Sie besonders hoch (15 oder mehr) oder besonders gering (5 oder weniger) einschätzen.

Woher kommen Ihre Werte?

Es ist nicht nur wichtig zu wissen, welche Werte Sie hoch einschätzen, sondern auch, woher diese Werte kommen. Die folgende Übung kann dabei behilflich sein.

Es ist weder „gut“ noch „schlecht“ – im moralischen Sinne – wenn die meisten Ihrer Werte von außen (etwa Ihren Eltern) kommen. In der Tat wird das meistens der Fall sein. Es ist aber – vom Gesundheitsstandpunkt aus – gut zu wissen, woher Ihre Werte kommen, welche Ihre eigenen sind, und welche Sie von anderswoher angenommen haben. Fremden Werten zu folgen kann nur dann ungesund werden, wenn Sie sich gar nicht bewußt sind, daß Sie Außenwerten folgen, währenddem Sie eigentlich einer Eigenwerthierarchie folgen möchten. Solche Wert- oder Gewissenskonflikte können zu physischen oder auch psychologischen Störungen führen und bedürfen einer bewußten Klarstellung. Der diesen Übungen folgende Sokratische Dialog soll einer solchen Klarstellung dienen. Was überrascht Sie an Ihrer Liste?

Wie empfinden Sie es, wenn Sie sehen, daß Sie so viel (so wenig) den Werten von Vater, Mutter usw. folgen? Was sagen Sie dazu, wenn Sie sehen, daß Sie so viel (so wenig) Ihrem eigenen Wertsystem folgen? Möchten Sie das ändern? In welche Richtung? Was würde dies erfordern? Was hindert Sie, es zu tun? In den meisten Fällen liegt die „Kur“ nicht so sehr in der Änderung der Werthierarchie, sondern in der Erkenntnis, wie sie aussieht, und woher die Werte kommen. In dem früher erwähnten Fall der Frau mit der Migräne wurde sie diese erst dann los, als sie sich bewußt wurde, was *sie selbst* bezüglich der religiösen Erziehung ihrer Kinder tun wollte, und die Angelegenheit mit ihren Eltern und ihrem Gatten durchsprach.

Übung: Woher kommen meine Werte?	Selbst	Vater	Mutter	Andere	Kirche	Gesellschaft	Staat	Schule	Ehepartner
1. Reichtum									
2. Freundschaft									
3. Sex									
4. Guter Ruf									
5. Guter Nachruf									
6. Liebe									
7. Vorbild für andere									
8. Gesundheit									
9. Heldenhaftigkeit									
10. Nützlichkeit									
11. Ruhm									
12. Macht, Schönheit									
13. Intellekt									
14. Abenteuer									
15. Glücklichsein									
16. Weisheit									
17. Religiöse Ziele erfüllen									
18. Gemütsruhe									
19. Gruppenzugehörigkeit									
20. Identität									

Vergleichen Sie Ihre Werte anhand dieser Tabelle

1–2	2–3	3–4	4–5	5–6	6–7	7–8
1–3	2–4	3–5	4–6	5–7	6–8	7–9
1–4	2–5	3–6	4–7	5–8	6–9	7–10
1–5	2–6	3–7	4–8	5–9	6–10	7–11
1–6	2–7	3–8	4–9	5–10	6–11	7–12
1–7	2–8	3–9	4–10	5–11	6–12	7–13
1–8	2–9	3–10	4–11	5–12	6–13	7–14
1–9	2–10	3–11	4–12	5–13	6–14	7–15
1–10	2–11	3–12	4–13	5–14	6–15	7–16
1–11	2–12	3–13	4–14	5–15	6–16	7–17
1–12	2–13	3–14	4–15	5–16	6–17	7–18
1–13	2–14	3–15	4–16	5–17	6–18	7–19
1–14	2–15	3–16	4–17	5–18	6–19	7–20
1–15	2–16	3–17	4–18	5–19	6–20	
1–16	2–17	3–18	4–19	5–20		
1–17	2–18	3–19	4–20			
1–18	2–19	3–20				
1–19	2–20					
1–20						

8–9	9–10	10–11	11–12	12–13	13–14	14–15
8–10	9–11	10–12	11–13	12–14	13–15	14–16
8–11	9–12	10–13	11–14	12–15	13–16	14–17
8–12	9–13	10–14	11–15	12–16	13–17	14–18
8–13	9–14	10–15	11–16	12–17	13–18	14–19
8–14	9–15	10–16	11–17	12–18	13–19	14–20
8–15	9–16	10–17	11–18	12–19	13–20	
8–16	9–17	10–18	11–19	12–20		
8–17	9–18	10–19	11–20			
8–18	9–19	10–20				
8–19	9–20					
8–20						

15–16	16–17	17–18	18–19	19–20
15–17	16–18	17–19	18–20	
15–18	16–19	17–20		
15–19	16–20			
15–20				

Die meisten Wertkonflikte, die Schwierigkeiten bereiten, beruhen auf einem Konflikt zwischen den eigenen Werten und den Werten der Eltern. Die folgende Übung geht etwas tiefer auf dieses Thema ein und kann den Ausgangspunkt für einen tiefergehenden Sokratischen Dialog bilden.

Übung: Persönlicher Sinn – Elternwerte

Drei Episoden in der vergangenen Woche, in denen Sie sich wie Ihr Vater verhalten haben	Stimmen Sie mit den Werten überein, die dieses Verhalten ausdrückt? *Ja*	*Nein*	Wenn „Nein", welchen Wert würden Sie vorziehen?
____________________	______	______	______________
____________________			
____________________			

Drei Episoden, in denen Sie sich wie Ihre Mutter benommen haben	Stimmen Sie überein? *Ja*	*Nein*	Wenn „Nein", was würden Sie vorziehen?
____________________	______	______	______________
____________________			
____________________			

Im allgemeinen, in welcher Weise benehmen Sie sich wie Ihr Vater?	Empfinden Sie das als richtig? (gut) *Ja*	*Nein*	Wenn „Nein", wie würden Sie sich ändern wollen?
____________________	______	______	______________
____________________			
____________________			

In welcher Weise benehmen Sie sich wie Ihre Mutter?	Empfinden Sie das als richtig? (gut)		Wenn „Nein“, wie würden Sie sich ändern wollen?
	Ja	*Nein*	

In welcher Hinsicht sind Sie anders als Ihr Vater?	Empfinden Sie das als richtig? (gut)		Wenn „Nein“, wie würden Sie sich ändern wollen?
	Ja	*Nein*	

In welcher Hinsicht sind Sie anders als Ihre Mutter?	Empfinden Sie das als richtig? (gut)		Wenn „Nein“, wie würden Sie sich ändern wollen?
	Ja	*Nein*	

Es gibt zu den Wert-Übungen Varianten und Zusätze. Zum Beispiel:
Machen Sie eine Liste von Dingen, die Sie in der vergangenen Woche getan haben, weil Sie das Gefühl hatten, sie „sollten“ sie tun.
Welche haben Sie getan, weil Sie sie im Grunde selbst tun wollten?
Welche haben Sie getan, obwohl Sie sie eigentlich nicht tun wollten?
Im letzten Fall, wie empfanden Sie das nachher?
Wo kam das „Sollen“ her? Vom Vater? Der Mutter? Ihrem Partner? Anderen?

Variante dazu:
Machen Sie eine Liste von den Dingen, die Sie tun, weil Ihre Mutter es erwartet, Ihr Vater, Ihr Partner, andere Leute, Ihr Lehrer, Ihr Seelsorger, Ihre Freunde.
Machen Sie eine Liste von Dingen, die Sie tun, weil Sie sie selbst tun wollen.
Besteht ein Unterschied zwischen den beiden Listen? Haben Sie ein besseres Gefühl (schlechteres, gleiches), wenn Sie Dinge tun, die Sie selbst tun wollen?
Tun Sie die Dinge besser (schlechter, gleich), wenn Sie tun, was Sie selbst wollen, ohne auf ein „sollen" zu achten?
Welche Rolle spielt Ihr Gewissen?
Haben Sie Ihre Einstellung geändert (von ungern zu gern oder neutral) über die Dinge, die Sie tun, weil Sie „sollen", ohne daß es Ihren eigenen Wünschen entspricht? Wie empfinden Sie diese Änderung?

Eine weitere Variante:
Sie sind der Star in einem dreiaktigen Theaterstück.
Akt 1: Sie sind Ihr Vater und Ihre Mutter, die zu Ihnen sprechen und Sie antworten.
Akt 2: Sie sind Sie selbst, und sprechen zu Ihrem Vater und Ihrer Mutter, und diese antworten.
Akt 3: Sie sind Sie selbst, und das Schicksal (Leben, „Gott") spricht zu Ihnen und Sie antworten.
Haben Sie etwas über sich selbst gelernt?
In welchem Akt fanden Sie ihre Rolle am natürlichsten?
Am gezwungensten?
In welchem Akt waren Sie am meisten bewegt?
Wenn Sie bloß einen Satz sagen könnten, was würden Sie zu Vater, Mutter, Schicksal sagen wollen?
Wenn Sie das Theaterstück überdenken, welchen Teil, welche Sätze würden Sie auslassen wollen?

Und noch eine Variante:
Übung: Die Verwandlungskünstler

Die folgenden Leute können Sie in die Personen verwandeln, die Sie gerne sein möchten. Numerieren Sie die Liste von 1 bis 14, je nach Ihren Wünschen. Es wird Ihnen einen Begriff Ihrer Werthierarchie geben, die dann besprochen werden kann.

Kurt Krösus – wird Ihnen zeigen, wie Sie über Nacht Millionär werden können.

Dr. G. Hirn – garantiert, Sie zu einem Genie zu machen, das alle gedanklichen Aufgaben spielend lösen kann.

Ma Thusela – hat ein Geheimmittel, das Ihnen 500 Jahre gesundes und produktives Leben schenken wird.

Atlas Muskel – macht Sie zehnmal stärker, als Sie jetzt sind.

Dr. Walter von der Augenweide – kann Ihnen durch plastische Chirurgie das Gesicht und die Figur Ihrer Träume schaffen.

Willibald Witzelhuber – entwickelt Ihren Sinn für Humor, so daß Sie über Ihre eigenen Fehler lachen können und das Heitere in allen Situationen sehen.

Prinz Charming – lehrt Sie die Kunst charmant zu sein, Freunde zu gewinnen, so daß Sie nie einsam sein werden.

Olymp Meister – macht Sie zu einem Superstar im Sport Ihrer Wahl.

Klara Spiegel – lehrt Sie, sich selbst objektiv zu sehen, und auch Ihre Werte und Beweggründe für alles, was Sie tun und sagen.

Werther Homo – vertieft und hebt Ihre Selbstachtung, so daß Sie selbst Ihr bester Freund werden.

Professor Sven Galley – zaubert Ihnen Überredungskünste an, so daß Sie alle Leute dazu bringen können, zu tun, was Sie wollen.

Dr. Feelgood – lehrt Sie, sich allezeit glücklich und zufrieden zu fühlen, ohne Alkohol oder Drogen.

Frl. Polly Tix – macht Sie zu einem perfekten Politiker im besten Sinne, der Regierung, Industrie und Personen dazu bringt, zum Wohle der Allgemeinheit zu handeln.

Und schließlich noch eine kleine Übung, die Ihnen Klarheit schaffen kann, wo Ihre Werte liegen. Geben Sie Beispiele für folgende Situationen:

- Etwas, was mein Vater (Mutter, Ehepartner, Kinder, Chef, Freundeskreis) möchte, das ich sein sollte
- Zwei Werte, die meines Erachtens im Widerspruch zueinander stehen.
- Als ich Stellung nahm für etwas, woran ich wirklich glaubte
- Als ich kritisiert wurde für etwas, was ich tat oder sagte, woran ich wirklich glaubte
- Etwas, was ich nicht leiden kann
- Eigenschaften, die ich in meinen Freunden suche
- Eine Eigenschaft in mir, die ich erst kürzlich entdeckte
- Jemand, der mein Leben beeinflußt hat – und warum
- Was ich am liebsten an meinem besten Freund habe
- Was ich an Personen des anderen Geschlechts schätze
- Das Beste, was in diesem Jahr zwischen mir und einem Freund geschah
- Das Beste, was in diesem Jahr zwischen mir und meiner Familie geschah
- Das Beste, was in diesem Jahr zwischen mir und meinem Chef (Lehrer) geschah

Parallelwerte

Der tschechische Logotherapeut Stanislav Kratochvil hat darauf hingewiesen, daß wir zwischen zwei Wertorientierungen hin und herschwanken – einer „pyramidalgesicherten" und einer „parallelgesicherten". (Siehe Lukas, *Auch Dein Leben hat Sinn*, Seiten 22ff.)

In der pyramidalen Wertorientierung steht ein Wert an der Spitze, während die restlichen Wertmöglichkeiten unwichti-

ger sind. Zum Beispiel der Mann, der nur in seinem Beruf aufgeht, oder die Mutter, die nur für ihre Kinder allein lebt. Zum Unterschied dazu steht die parallelgesicherte Wertordnung, wenn jemand mehrere etwa gleichstarke Inhalte im Leben kennt – Beruf, Familie, Hobbies, Freunde, schöpferische Tätigkeiten, spezielle Interessen, Glaube.
Kratochvils Forschung hat erwiesen (und ist anderweitig bestätigt worden), daß eine zum Äußersten getriebene pyramidalgesicherte Ordnung zwar hohen Sinn gibt, aber gefährlich ist, weil der ganze Lebenssinn zusammenbricht, wenn der Gipfelwert wegfällt, etwa durch Krankheit, Pensionierung, dem Wegziehen der Kinder, oder Scheidung. Die Folge ist eine innere Leere, die zu Krankheit und sogar zum Tod führen kann.
Um diesem Zusammenbruch vorzubeugen, ist es ratsam, Leute mit einer pyramidalgesicherten Wertorientierung auf Parallelwerte hin vorzubereiten und ihre Interessenkreise zu erweitern, bevor ein möglicher Zusammenbruch erfolgt.

Die Vergangenheit

Die Vergangenheit, so wichtig für unser gegenwärtiges Leben, hat auch ihre positiven und negativen Seiten, je nachdem wie wir sie sehen. Man kann die negativen Seiten der Vergangenheit als Mühlstein betrachten, der hinunterzieht, oder als Rettungsgürtel von Erfahrungen, der das Schwimmen leichter macht. Man kann die negativen Seiten der Vergangenheit als Entschuldigung für gegenwärtiges Versagen ansehen, oder als Herausforderung, unsere Schwächen zu überwinden.

Ich kannte zwei Frauen – die eine einsam und unglücklich, die andere gesellig und gutgelaunt. Beide hatten eine ähnliche Vergangenheit und beide behaupteten: „Meine Mutter liebte mich nicht". Die eine, nennen wir sie Anna, sagte: „Meine Mutter liebte mich nicht, daher hatte ich kein Vorbild und weiß nicht, wie man liebt." Die andere, Maria, sagte: „Meine Mutter liebte mich nicht. Daher weiß ich aus Erfahrung, wie bitter es ist, nicht geliebt zu werden, und ich bemühe mich besonders, dieses Gefühl des Nichtliebens nicht weiterzugeben." Die Vergangenheit war dieselbe, aber das Resultat war verschieden. In beiden Fällen war das Kind nicht von der Mutter geliebt worden. In Annas Fall führte das zum Sich-Zurückziehen und zur Einsamkeit, Bitterkeit: im anderen Fall zum Bestreben, Geselligkeit und Freundschaft zu pflegen.

In der Behandlung wurde für Anna eine Einstellungsmodulation angestrebt. Sie wurde mit Maria zusammengebracht,

was für Anna zur Erkenntnis führte, daß das „Nichtlieben" der Mutter nicht zwangsläufig zu Einsamkeit und Bitternis führen mußte. In den Therapiegesprächen erkannte Anna auch die Gründe für das „lieblose" und kalte Benehmen der Mutter. In einem „Logodrama" fragte Anna ihre Mutter: „Warum hast Du mich nicht lieb gehabt"? und spielte dann selbst die Rolle der Mutter: „Dein Vater fiel im Krieg drei Monate vor Deiner Geburt. Ich mußte euch fünf Kinder allein großziehen. Tagsüber mußte ich in der Fabrik arbeiten, oft nahm ich noch Wascharbeiten nach Hause, da sonst nicht genug Geld da war. Am Abend war ich dann müde und konnte euch Kindern nicht so viel Zeit widmen wie ich mochte. Es war nicht Mangel an Liebe, sondern Mangel an Zeit und Kraft ..."
Anna begann zu weinen: „Ja, Mutter war immer müde, aber es war aus Liebe zu uns Kindern, daß sie immer arbeitete. Sie ist auch bald gestorben, und ich hab' das alles als Kind nicht verstanden. Sie ist aus Liebe zu uns gestorben ..."
Eine grundlegende Wandlung hatte sich in Anna vollzogen, die sich allmählich auf ihr Verhalten zur Umwelt auswirkte. Nichts an ihrer Vergangenheit hatte sich geändert außer Annas Einstellung zu ihr.
Ein Beispiel, wo ein Fehler, der in der Vergangenheit begangen wurde, sich als Ansporn und zu einem Vorteil auswirkte: als ich im Jahre 1965 zum erstenmal, nach 27 Jahren, wieder meine Heimatstadt Wien besuchte, traf ich mich mit meinem ehemaligen Mittelschulkollegen Hermann. Er sprach fließendes Englisch, das er mit mir üben wollte; ebenso sprach er auch Französisch, Italienisch, Spanisch, Russisch, und er lernte gerade Arabisch. Als Anwalt hatte er kaum einen Grund für solches Sprachwissen. Als ich mein Erstaunen über seine Sprachkenntnisse ausdrückte, sagte er: „Du erinnerst Dich doch an unseren Französischprofessor. Er sagte mir immer, ich hätte kein Sprachtalent." Normalerweise würde sich ein Junge sagen: „Der Professor muß es doch wis-

sen, ich habe eben kein Sprachtalent," und würde gar nicht erst versuchen, Sprachen zu lernen. Aber Hermann machte Gebrauch von seiner „Trotzmacht des Geistes", obwohl er diesen Begriff gar nicht kannte. Er wollte unserem Französischprofessor beweisen, daß er *doch* Talent zu Sprachen hatte, obwohl der Professor schon längst tot war. Ebenso gibt es Leute, die ihren Eltern, tot oder lebend, beweisen wollen, daß ihre negativen Einflüsse und Urteile falsch waren, und die dann besonders erfolgreich in dem Gebiet werden, in dem man ein Versagen erwartet hatte.

Viele Übungen und Spiele, die bereits in diesem Buch erwähnt wurden, dienen einer neuartigen Durchleuchtung jugendlicher Ereignisse, die statt belastend nun als förderlich angesehen werden sollen. Dazu gehören das Betrachten alter Familienphotos und Briefe, das Zeichnen und Malen des eigenen Lebens, wie vorher beschrieben, mit allen Höhen- und Tiefpunkten, den Wendepunkten und Kreuzwegen, und das Erinnern an Lieblingsmärchen und Lieblingsbücher. Ein Identifizieren mit Aschenbrödel hat schon manchem „Stiefkind des Lebens" über schwere Zeiten geholfen. So mancher, der „Schiffbruch" gelitten hat, hat aus der unbewußten Erinnerung an Robinson Crusoe Hoffnung geschöpft, und diese Hoffnung und Hilfe kann in Sokratischen Dialogen zum bewußten Ausdruck kommen. Was sagt Ihre frühkindliche Vorliebe für die Geschichte vom häßlichen Entlein aus? Sie kann unbewußte Hoffnung für einen Menschen bringen, der sich als häßlich betrachtet, und obwohl sich physische Häßlichkeit nicht ändern läßt, kann geistige Schönheit ihren Platz einnehmen.

Eine Variante des Zeichnens des Lebensbildes ist das Anfertigen eines „Lebensmosaiks", ein „leeres" Mosaik, das heißt die Flecke, in die Sie dann die Mosaikstücke einlegen werden. Die der Vergangenheit sind bereits bestimmt und unverrückbar. Zeichnen Sie diese ein, mit Farbstiften, wenn keine wirklichen Mosaikstücke zur Hand sind. Wie viele sind dunkel, wie viele hell? Sind die dunkeln zusammengeballt wie eine Gewitterwolke? Oder umgeben von lichten Stücken? Geben Sie jedem Stück einen Namen oder eine Erinnerung. Sehen Sie da irgendein Muster, dem Ihr Leben unterliegt? Das Wichtigste sind die noch unbesetzten Flecke, denn hier liegt es noch an Ihnen, sie nach Ihrem Gutdünken zu füllen. Nicht alles steht Ihnen frei, aber es mag Sie doch hoffnungsfroh stimmen, daß noch so viel Mosaikstücke von Ihnen selbst einzusetzen sind.

Übung: Der Beutel der Vergangenheit
Nehmen Sie einen Papiersack oder Beutel und füllen Sie ihn mit Zetteln, auf denen Sie verschiedene Episoden der Vergangenheit in Schlagworten aufgezeichnet haben:

- Als Sie sich vom Leben besiegt fühlten
- Schmerzliche Kindheitsepisoden
- Glückliche Momente
- Erste Erinnerungen
- Episoden, die Sie in Verlegenheit versetzt haben
- Etwas, worauf Sie stolz sind
- Etwas, was Sie noch niemandem erzählt haben
- Ihre größte Enttäuschung
- Ihr größter Schmerz
- Ihre größte Furcht
- Ihre größte Freude
- Ihre größte Hoffnung.

Sie können diese Liste nach Belieben ergänzen. Sie können die Übung auch noch dramatischer gestalten, indem Sie Ihre Zettel auf Steine kleben – große, kleine, glatte, rauhe, wertvolle und Kieselsteine ... Nehmen Sie nun einen Zettel (Stein) nach dem anderen heraus und sprechen Sie darüber. Was sind Ihre Gefühle? Hat sich Ihr Empfinden geändert seit die Episode passiert ist? Hat sich irgend etwas Gutes aus dem Negativen ergeben? Ist das Gute verblaßt oder ist es jetzt

noch intensiver? Hat das Schlechte seinen Schrecken verloren? Ist das Geheimgehaltene immer noch wert geheimgehalten zu werden?
Daß die Zeit Wunden heilt ist eine Binsenweisheit. Aber sie ist wahr – das ist ja der Grund, warum das Sprichwort entstanden ist. Es ist nun einmal unsere Erfahrung, daß uns gerade Leiden reif macht und daß es ein guter Lehrmeister ist. Das heißt aber nicht, daß wir leiden müssen, um reif zu werden oder um zu lernen, und schon gar nicht, daß wir Leiden suchen müssen, um Erfahrung zu gewinnen. Leiden ist unvermeidlich, aber wir sollen das Gute finden, das sich hinter dem Schlechten versteckt. Es ist nützlich, die alten Erfahrungen wieder einmal unter die Lupe zu nehmen, um zu sehen, ob und wie weit sich unser Gefühl über sie geändert hat.

Übung: Logodramen

Logodramen sind eine weitere Methode zur Erschließung unserer Vergangenheit. Wie in dem Beispiel der Frau, die glaubte, ihre Mutter liebte sie nicht, gezeigt wurde, kann man eine neue Einsicht gewinnen, wenn man die Rolle von Personen spielt, die einem wichtig sind oder waren. Die Regeln sind die des Psychodramas, wie sie von J. L. Moreno beschrieben wurden. Um die Vergangenheit zu erforschen, nimmt man Episoden, die immer noch fortwirken, und oftmals mißverstanden worden sind. Im Drama spielen Sie sich selbst als Kind, und wechseln dann in die Rolle der Bezugsperson über, mit der Schwierigkeiten bestehen. Oder das „Kind“ steht im Spiel einer Situation gegenüber, die Furcht erregte. Die Furcht kann personifiziert werden, und Sie selbst spielen die Rolle der Furcht (eine Form der Selbstdistanzierung). Ein „Dialog mit der Furcht“ kann sie entkräften, verständlich machen, und es so ermöglichen, eine neue Einstellung zu ihr zu finden. Dasselbe kann auch mit anderen negativen Episoden geschehen, wie z. B. „Fehler“, die die Eltern in der Erziehung gemacht haben.

Die „Fehler“ der Eltern sind ein weitverbreiteter Entschuldigungsgrund für alle möglichen Schwierigkeiten, die die heute erwachsenen Kinder noch haben. Man findet diesen „Böse-Eltern-Komplex“, wie Elisabeth Lukas ihn nennt (*Auch Dein Leben hat Sinn*, Herderbücherei Band 825, Seite 105) oft unter den ungesunden Einstellungen. Lukas schreibt: „Einmal waren die Eltern zu streng und brutal, zu bestimmend und autoritär, einmal waren sie zu gleichgültig, zu wenig lobend, zu indifferent, einmal waren sie zu leistungsbezogen, zu wenig demokratisch, zu unsicher und zu inkonsequent und so fort.“ Ein Logodrama kann bewußt machen, daß die Eltern das alles nicht aus Bosheit getan haben, sondern vielleicht aus Unwissenheit, aus einem Zwang der Umstände, oder sogar aus Liebe. Meistens tun Eltern, was sie können.
Natürlich machen sie Fehler, aber es ist billig, ihnen alle Verantwortung in die Schuhe zu schieben. Die heute erwachsenen Kinder müssen da schon selbst eine gewisse Verantwortung für ihr eigenes Leben auf sich nehmen.

Weg zur Vergangenheit: Träume

Freud sah Träume als königliche Straße zum Unterbewußtsein. Sie führen daher auch, via Unterbewußtsein, zu einem besseren Verständnis der eigenen Vergangenheit. Nur darf man die Träume nicht immer automatisch als unterdrückte Triebe interpretieren, deren man sich schämt, sondern auch als unterdrückte Sinnfindung, die man ignoriert, oder als die Stimme des Gewissens, auf die man nicht gehört hat.

Eine 34jährige Frau, die mit ihrem Vater auf Kriegsfuß lebte, träumte, sie läge mit ihm im Bett und umarme ihn zärtlich, was er auch erwiderte. Erschrocken wachte sie auf: ist es möglich, daß sie unterdrückte Inzestwünsche hat? Nach allem, was er ihr als Kind „angetan“ hatte? Der Vater hatte immer ihren älteren Bruder bevorzugt, hatte nicht viel Zeit mit ihr verbracht, war nie mit ihren Noten zufrieden gewesen, obwohl sie eine gute Schülerin gewesen war, war streng mit ihr gewesen, usw. Ein Sokratischer Dialog brachte eine ganz andere Interpretation des Traumes. Vielleicht sagte der Traum: „Sei lieb zu Deinem Vater, und er wird lieb zu Dir sein.“ Der Vater lebte noch, sie rief ihn an (er wohnte 200 Kilometer weit entfernt) und fragte ihn, ob sie ihn besuchen könnte, was fast nie vorkam.

„Was willst Du denn?“ brummte er.

Normalerweise hätte sie diese Frage bereits irritiert. Diesmal sagte sie einfach, sie wolle ihn zum Abendessen einladen. An diesem Abend begegnete sie all seinem Mißtrauen mit Freundlichkeit und besuchte ihn von da an alle zwei Wochen.

Sie sprachen viel über alte Zeiten, ihr Bruder war mit einem Klumpfuß zur Welt gekommen und hatte mehr Aufmerksamkeit beansprucht. Sie war gesund und begabt, und der Vater war stolz auf sie und ihre guten Noten, und wollte sie anspornen, immer noch bessere zu bekommen. Sie sah ihre ganze Jugend in einem neuen Licht. Kurz ehe der Vater ein Jahr später starb, sagte er ihr: „Es ist schön, daß ich Dich noch als Erwachsene gut kennengelernt habe." Die logotherapeutische Auslegung ihres Traumes hatte ihr und ihm diese Möglichkeit gegeben.

Frankl selbst erwähnt einige Fälle, in denen im Traum nicht unterdrückte Triebe, sondern das Gewissen zu Wort kam. Ein Komponist, der für kitschige Filme Musik schrieb, träumte, er wolle telephonieren, aber die Wahlscheibe war so kompliziert, daß er keine richtige Verbindung bekommen konnte. Die Nummer, die er erreichen wollte, war die einer Dame, für die er einen Sommer lang kirchliche Lieder komponiert hatte, was ihn künstlerisch sehr befriedigt hatte. Er hatte keine romantische Absichten mit ihr gehabt, ihre Verbindung war rein beruflich gewesen. Der Traum war eine Warnung seines Gewissens: Du mußt wählen zwischen dem Komponieren seichter Musik, das viel Geld einbringt, und dem Verfassen von guter Musik, wenn der Ertrag auch klein ist. Die Wahlscheibe für die Entscheidung war wirklich kompliziert!

Bei dieser Art von Traumdeutung darf man allerdings nicht den Fehler machen, alle Träume als geistigen Ursprungs aufzufassen, ebensowenig wie man alle als den Ausdruck unterdrückter Triebe interpretieren darf. Träume können vom Körperlichen her kommen (ein voller Magen, ein unbequemes Bett), oder vom Psychischen (ein unterdrücktes Trauma, eine längstvergessene peinliche Erinnerung), aber man darf die dritte Möglichkeit nicht aus dem Auge lassen: Träume können auch vom Geistigen her kommen und eine Aufforderung zur Sinnfindung sein.

Übung: Freie und geleitete Phantasien

Phantasien werden von vielen Therapieformen in verschiedenen Weisen verwendet. Sie können auch der Sinnfindung dienen und allen fünf der genannten Zugänge dazu: Selbstfindung, Wahlmöglichkeiten, Einmaligkeit, Verantwortung, und Selbsttranszendenz.

Freie Phantasien sind dort nützlich, wo der Ratsuchende keinen Sinn im Leben sieht, keine Ziele und Zwecke, keine Aufgaben, keine Wege, die zu irgend etwas führen könnten. Geleitete Phantasien sind gezielter und auf bestimmte Probleme gerichtet.

In beiden Fällen ist es ratsam, durch autogenes Training, Meditieren, Stillsitzen in einer bequemen Haltung eine entspannte Stimmung herbeizuführen, bevor das Phantasieren (mit geschlossenen Augen) einsetzt.

Die Einleitung soll kurz und klar sein. Etwa: „Es ist jetzt ein Jahr später als heute. Sie wachen morgens auf. Es ist ein Montag Morgen. Wo sind Sie? Was machen Sie? Beschreiben Sie Ihren Tag im Detail."

Im Rahmen einer Beratungsstunde soll der Berater die Beschreibung möglichst wenig unterbrechen. Wenn dies nötig ist, dann nur durch Fragen, keine Richtlinien, und in leiser Stimme, wenn der Klient eine Pause macht. Aber nicht jede Pause soll mit neuen Fragen gefüllt werden. Im Gegenteil, Pausen sind für den Phantasierenden nötig, neue Bilder zu sehen und zu beschreiben. Wohnt er allein? Wenn nicht, wer ist mit ihm? Was ist seine Arbeit? Dieselbe wie jetzt? Inwieweit ist sie anders? Wer sind seine Mitarbeiter? Wie empfindet er die Arbeit? Was macht er abends? Was plant er für's Wochenende? Was sind seine Pläne für den Sommer? Für nächstes Jahr?

Man kann dieser Phantasie eine weitere folgen lassen: Es ist jetzt drei Jahre später. Wie sind die Lebens-, Arbeits-, Freizeitverhältnisse jetzt?

Geleitete Phantasien werden ebenfalls mit Entspannungsübungen begonnen. Der Berater schildert dann eine Reihe von Situationen, in denen der Phantasie Spielraum gegeben wird. Die beschriebenen Situationen müssen den Bedürfnissen des einzelnen Falles angepaßt sein, aber gewisse Symbole sollten berücksichtigt werden:

Ein Wald: wie der Phantasierende sein Leben sieht. Düster, drohend, verwirrend, oder duftend, voll Vogelsang, mit Anhöhen, wo man sich von Zeit zu Zeit orientieren kann, mit einem klaren Weg, einer Menge von Kreuzwegen, die Entscheidungen erfordern, oder weglos, voll Gestrüpp, voll Beeren die man pflücken oder voll Wurzeln, über die man fallen kann.

Ein Gebirge: das menschliche Streben, die Hoffnungen; Steil und weglos, zerklüftet und bedrohlich, einladend, mit breiten Wegen, vielleicht Autostrassen oder Seilbahnen, mit Felswänden, die zum Klettern einladen.

Ein Bach oder Strom: der Lauf des Lebens. Man kann ihn bis zur Quelle verfolgen, in seine Vergangenheit, oder zur Mündung, in die Zukunft. Man kann in ihm schwimmen, bootfahren, neben ihm wandern, neben ihm sitzen und ihn betrachten. Er kann wild sein, voll Stromschnellen und Dämmen oder natürlichen Hindernissen, oder ruhig, gemächlich fließend, brausend, lieblich, erfrischend, einladend, gefährlich. Er kann durch eine blumige Wiese fließen, oder einen finsteren Wald, über Gerölle, in Flachland, eine Wüste bewässern oder einen Sumpf überschwemmen.

Ein Gebäude: die phantasierende Person selbst. Ein einfaches Bauernhaus oder ein Palast, eine Mietskaserne, eine verfallene Hütte, ein Vorstadthaus mit Garten (gepflegt oder verwildert), selbstgezimmert, von einem Architekten entworfen, mit einem Gemüsegarten, Blumen, Schwimmbad, einem offenen Hof, einem Kinderspielplatz, in einer Slumgegend, mitten in der Stadt, einem Vorort, auf dem Land. Das Gebäude hat einen Keller (das Unterbewußtsein), eine Reihe von Räumen (das bewußte Leben), und einen Dachboden

(die Hoffnungen) mit einer Aussicht – auf einen schönen Blumengarten oder kahle Nachbarwände.
Es gibt viele Dinge, die als Symbole dienen können: Schiffe auf hoher See, leere und volle Scheunen, gefährliche oder freundliche Tiere, Fahrzeuge (Automobile, Flugzeuge, Schiffe, Gondeln). Man kann bestimmte Leute einführen, die eine Rolle im Leben der Person spielen: Vater, Mutter, Ehepartner, Kinder, Freunde, Feinde, Chefs, andere Bezugspersonen.
Aus der Fülle der Möglichkeiten kann sich der Berater einen Leitfaden spinnen, der der jeweiligen Situation entspricht. Das folgende ist ein Beispiel:
Sie wandern weglos durch einen Wald ... (lange Pausen) ... Sie lauschen auf die Geräusche ... und auf Ihre Gefühle ... Sie wandern querfeldein ... eine lange Zeit ... dann finden Sie einen Pfad ... Sie folgen dem Pfad ... kommen zu einer Gabelung ... Sie lesen die Wegweiser und überlegen, welchem Pfad Sie folgen wollen ... dann entscheiden Sie sich für einen ... Sie folgen dem Pfad eine lange Zeit ... sehen sich die Gegend an, durch die er führt ... dann kommen Sie zu einem Gewässer (es ist besser, allgemeinere Ausdrücke zu gebrauchen, die der Phantasie weiten Spielraum lassen; also nicht: Bach oder Strom) ... Sie folgen dem Gewässer ... Sehen sich die Landschaft an, durch die es fließt ... und das Wasser selbst ... und achten wieder auf Ihre Gefühle ... Sie sehen ein Gebäude (allgemein: nicht Hütte oder Haus oder Villa) ... Sie gehen näher ... betrachten es genau ... gehen herum, probieren die Türen ... alle sind verschlossen ... aber Sie geben nicht auf und entdecken endlich eine kleine Tür, die Sie bisher nicht bemerkt hatten ... die Tür ist unversperrt und Sie öffnen sie ... es ist finster, aber Ihr Auge gewöhnt sich an die Dunkelheit und Sie sehen Treppen, die hinunterführen ... vorsichtig gehen Sie hinunter ... es ist immer noch dunkel ... Sie kommen in einen Keller und Sie sehen, daß er mit Paketen gefüllt ist ... kleine Pakete ... große ... bunt ein-

gepackte ... einfache ... Schachteln ... Kisten ... Sie versuchen zu sehen oder zu tasten, was drin ist, aber sie sind gut verpackt ... Sie entschließen sich, ein Paket aufzumachen ... und entscheiden sich endlich für eines ... Sie öffnen es und finden etwas, was Sie überrascht ... Sie untersuchen das Gefundene ... versuchen es, im Dunkeln besser zu sehen ... befühlen es ... riechen dazu ... bis Sie wissen, was es ist ... Sie beachten die Gefühle, die Sie beim Anblick des Gefundenen haben ... überlegen, was es für Sie bedeutet ... dann legen Sie es weg und entscheiden sich, ein zweites Paket zu öffnen ... Sie sehen alle Möglichkeiten und entscheiden sich für das zweite Paket ... Sie öffnen es und wieder finden Sie etwas Überraschendes ... Sie untersuchen es genau ... mit den Augen, den Händen, der Nase, der Zunge ... wie schmeckt es? Welche Gefühle haben Sie? Hat es eine Bedeutung einmal gehabt für Sie? Hat sich die Bedeutung geändert? In welcher Weise? ... Wieder legen Sie es nieder und suchen sich ein drittes Paket zum Aufmachen ... Sie wählen sorgfältig ... und wühlen in den herumliegenden Paketen und fischen eines heraus, das ganz unten liegt ... Sie nehmen es und wägen es in der Hand ... Was kann da drin sein? Langsam öffnen Sie das dritte Paket und wieder finden Sie etwas, was Sie nicht vermutet hatten ... wieder untersuchen Sie es auf alle mögliche Weise, machen sich vertraut mit dem Gefundenen und achten auf Ihre Gefühle dabei ... Auch dieses legen Sie nieder und dann wissen Sie, daß Sie eines der drei Pakete mitnehmen dürfen ... Sie überlegen lange und dann entscheiden Sie sich für eines der drei ... Sie heben es sorgfältig auf und tragen es die dunkle Stiege hinauf ... Sie wird allmählich heller und führt ins Gebäude selbst ... Sie hören Stimmen und Sie kommen in einen Saal mit vielen Leuten, die Sie kennen. Es herrscht ein großes Stimmengewirr und Sie erkennen, daß Sie zwar alle Leute sehen können, aber die Leute können Sie nicht sehen. Und Sie erkennen auch, daß die Leute über Sie sprechen. Sie gehen von Gruppe zu Gruppe und hören zu,

was die Leute über Sie sagen ... Da ist jemand, den Sie gut kennen, aber schon lange nicht gesehen haben ... Was sagt diese Person über Sie? (allgemein: Person, nicht „er" oder „sie") ... Was empfinden Sie darüber, was Sie da hören? ... Sie gehen zu einer anderen Gruppe mit Leuten, mit denen Sie oft zusammenkommen und hören ihrem Gespräch über Sie zu. Was sagen sie? Was denken und empfinden Sie über das, was Sie hören? ... Dann gehen Sie zu einer Gruppe naher Verwandter ... Was empfinden Sie über das, was Sie hören? (Dieser Punkt kann nach Bedarf der Situation des Beratenen angepaßt werden: man kann ihn Freunde treffen lassen, Schulkollegen, Lehrer, Mitarbeiter im Büro, Vorgesetzte, bestimmte Verwandte) ... Sie hätten den Wunsch, sich mit einem dieser Leute zu unterhalten und suchen sich einen aus ... Sie gehen durch eine Tür in ein kleineres Zimmer und dort sitzt die betreffende Person und kann Sie nun sehen und hören ... Sie haben einen kurzen Dialog mit der Person über etwas, was Ihnen wichtig ist ... Was sagen Sie? Was antwortet Ihr Gegenüber? Nehmen Sie sich Zeit für ein Gespräch ... aber dann wird es Zeit zum Weitergehen ... Sie wissen, daß jetzt das Wichtigste kommt ... Sie gehen auf eine Tür zu, die verschlossen scheint, aber wenn Sie versuchen, öffnet sie sich. Dahinter ist ein großer, dunkler Raum. Am anderen Ende des Raumes steht eine Person ... Sie können nicht erkennen, wer es ist ... aber Sie wissen, es ist die wichtigste Person in Ihrem Leben ... Langsam gehen Sie auf diese Person zu ... und plötzlich können Sie sehen, wer es ist ... Freudig gehen Sie auf die Person zu und wissen, daß Sie ihr eine Frage stellen können, die für Sie sehr wichtig ist.
Wenn Sie der Person gegenüberstehen, stellen Sie Ihre Frage ... und Sie wissen, daß Sie eine Antwort erhalten werden, die ebenfalls wichtig für Sie sein wird ... Gespannt warten Sie auf die Antwort ... und dann spricht die Person. Was sagt sie? Wie berührt Sie die Antwort? ... Sie danken der Person und gehen weiter, einer Tür zu, die am anderen Ende des

Raumes ist. Die Tür ist unversperrt und Sie treten ins Freie ... Sie sind nun auf einer weiten Wiese, voll bunter Blumen und den Geräuschen eines schönen Sommertages – Vögel, Insekten. Sonst ist es ganz still. Langsam gehen Sie über die Wiese und denken darüber nach, was Sie gesehen und gehört haben ... Sie nehmen sich Zeit, darüber nachzudenken und nochmals das Paket anzusehen, das Sie mitgenommen haben, aber Sie wissen, die Zeit ist gekommen, etwas Neues zu tun. Sie öffnen Ihre Augen, das Phantasieren ist zu Ende.

Die geleitete Phantasie, ebenso wie die freie Phantasie wird nun von einem intensiven Sokratischen Dialog gefolgt, in dem das Erlebte besprochen wird.

Ehe und Familienberatung

Viele, beinahe alle der bisher genannten Übungen und Spiele können auch in der Ehe- und Familienberatung verwendet werden – Listenmachen, Werthierarchie, Logodrama, Trauminterpretationen, Phantasien.

Gewöhnlich bestehen hier zusätzliche Verwendungsmöglichkeiten. Im Listenmachen, zum Beispiel, werden die Ehepartner aufgefordert, Listen anzufertigen, wobei ein Partner raten soll, was der andere an sich selbst mag und nicht mag. Diese Liste wird nun mit jener verglichen, die der Partner über sich selbst angefertigt hat. Sind die beiden Listen ähnlich? Verschieden? Widersprechend? Wie gut versteht ein Partner den anderen? Was empfindet der Partner, wenn er nicht (oder zu gut) verstanden wird? Die Reaktion kann oft ganz verschieden sein. Manche Ehepartner freuen sich, wenn sie sich vom Partner gut verstanden sehen, andere fühlen sich unbehaglich. Was sagt das über ihr Verhältnis aus?

Das gegenseitige Listenmachen kann auch zwischen Eltern und Kindern, zwischen Geschwistern und anderen Bezugspersonen versucht werden (etwa mit einer Großmutter oder einem Onkel, der mit der Familie lebt oder in naher Beziehung steht). Was fühlen Kinder, wenn sie sich gut verstanden, respektive allzusehr durchschaut sehen?

Ähnliches gilt auch für die Übungen, die mit der Werthierarchie zu tun haben. Können Ehepaare (Kinder, Bezugspersonen) erraten, was ein anderer als seine höchsten fünf Werte

ausgegeben hat? Was empfindet er, wenn das Resultat besonders gut (oder besonders schlecht) ausgefallen ist?
In Logodramen können Familienmitglieder offen miteinander sprechen. Ein Problem wird dargelegt und in Dialogform besprochen. Wenn der Dialog auf den alten Geleisen zu fahren und in einen Zusammenstoß zu enden droht, wird der Partner aufgefordert, den Sitz des andern einzunehmen und so zu antworten, wie er sich die Antwort erwünscht hätte. Zum Beispiel:

SIE: Ich habe es satt, daß Du so oft erst nach neun Uhr abends aus dem Büro nach Hause kommst.
ER: Glaubst Du, es macht mir Spaß, so lange zu arbeiten?
SIE: Offenbar mehr Spaß, als den Abend mit mir zu verbringen. Du hast wahrscheinlich eine Freundin.
ER: Du bist wohl verrückt. Ich mache Überstunden und Du klagst mich noch an.
SIE: Dir trau ich alles zu. Ich hab Dich ja schon einmal mit der Gertie erwischt.
ER: Und wie war das mit Dir und Harry?
SIE: Das tat ich nur, weil Du mich soviel allein gelassen hast.

Jetzt sind Tür und Tor offen für gegenseitige Anschuldigungen. Es ist Zeit, daß der Berater einschreitet. Er schlägt vor, daß „Er" sich auf den Stuhl seiner Frau setzt und für sie antwortet.

ER (für SIE sprechend): Es tut mir leid, daß Du abends so lange arbeiten mußt. Ich möchte mehr mit Dir beisammen sein.
ER (wechselt den Stuhl und spricht nun für sich selbst): Ich tue das gern, uns selbst zuliebe. Dadurch können wir uns Ferien leisten.
ER (wechselt wieder den Stuhl und spricht für SIE): Ich schätze das, Liebling. Die Ferien bedeuten viel für mich.
SIE (für sich selbst): Die Ferien bedeuten wirklich viel für

mich. Ich dachte nicht daran, daß sie ohne die Überstunden nicht möglich wären.

Die Weichen sind nun anders gestellt und eine Kollision ist vermieden. Sie kommen auf andere Zwistigkeiten zu sprechen.

ER: Gertie war wirklich eine Ausnahme. Du warst damals allein auf Urlaub und ich fühlte mich einsam.

SIE: Ich verstehe das sehr gut. Es war dasselbe mit Harry. Ich war so viele Abende allein.

BERATER: Was könnten Sie tun, daß so etwas in Zukunft nicht mehr vorkommt? Was gibt es für Möglichkeiten?

Das Ehepaar macht eine Liste:

Auf die Ferien verzichten und die Abende gemeinsam verbringen.

Die Frau kann einen Abendkurs besuchen, während der Mann seine Überstunden macht.

Die Frau kann ein paar Stunden am Tag arbeiten, so daß genug Geld für Ferien und Extras da ist.

Die Frau kann sich einen Freund nehmen (humorvoll gemeint).

Sie können weiter so leben wie bisher und streiten.

Sie können sich scheiden lassen.

Sie können anderswo sparen, so daß Ferien auch ohne Überstunden möglich sind.

Für jede der Möglichkeiten werden die positiven und negativen Folgen erwogen. Sie entscheiden sich für einen Abendkurs. Sie wollte schon lange Keramik lernen. Auch wird sie sich um eine Arbeit umsehen, die ihr zusagt. Sie möchte nicht *nur* des Geldes wegen arbeiten.

In vielen Fällen der Ehe- und auch der Familienberatung besteht das Problem darin, daß die Beteiligten aneinander vorbeireden oder daß das Gespräch aus Anschuldigungen und Verteidigungen besteht, die einer Verständigung im Weg stehen. Im ersten Fall kann man das „Echogespräch“ versuchen, im zweiten die „Taschenlampe“.

Das *Echogespräch* hat die einfache Regel, daß ein Partner dem andern erst dann antworten darf, wenn er das eben Gehörte zur Zufriedenheit des Partners wiederholt hat.

SIE: Du bist ein Dickkopf und verdrehst mir alle Worte im Mund.

ER: Also das ist doch unverschämt. Wo Du doch selbst ...

BERATER: Halt. Das ist gegen unsere Vereinbarung. Wiederholen Sie erst, was Ihre Frau gesagt hat.

ER: Du bist ein elender Dickkopf und mußt immer recht haben.

SIE: Das hab ich nicht gesagt.

ER: Aber Du hast es gemeint.

SIE: Was weißt Du, was ich gemeint habe?

BERATER: Erinnern Sie sich, was Ihre Frau gesagt hat?

ER: Natürlich. Ich bin kein Idiot. Du bist ein Dummkopf und verdrehst mir alles im Mund.

SIE: Ein Dickkopf, nicht Dummkopf. Dumm bist Du nicht.

ER: Na, wenigstens etwas Gutes läßt Du an mir. (Er lacht).

SIE: Oh, Du hast auch Deine guten Seiten ...

BERATER: Was antworten Sie auf den Dickkopf?

ER: Ich habe meine eigenen Ansichten, ja, aber ich verdrehe nichts.

SIE: Doch, erinnerst Du Dich ...

BERATER: Wiederholen, bitte.

SIE: Ich hab meine eigenen Ansichten, aber ich verdrehe nichts.

ER: Ja.

SIE: Erinnerst Du Dich, voriges Jahr, als ich das Perlenhalsband in der Auslage bewunderte, machtest Du mir Vorwürfe, daß ich Dich ruiniere.

ER: Erinnerst Du Dich, voriges Jahr, als ich ein Perlenhalsband in der Auslage bewunderte, machtest Du mir Vorwürfe, daß ich Dich ruiniere.

SIE: Ja.

ER: Also wenn Du sonst nichts weißt ... Einmal im Jahr kann ich schon etwas in Deinem Mund verdrehen. (Sie lachen).

Wieder sind die Weichen umgestellt. Sie argumentieren nicht mehr gegeneinander. Sie lachen miteinander.

Die „*Taschenlampe*" kommt dann zur Anwendung, wenn das Gespräch aggressiv zu werden beginnt. Dr. Lukas (*Auch Deine Familie braucht Sinn,* Herderbücherei 864, Seite 108) beschreibt die Methode folgendermaßen: Das Gespräch wird weitergeführt, aber unter gewissen Spielregeln. „Wir setzen uns rund um den Tisch, ich spreche nicht mit, ich bin nur ein Kontroll-Automat. Ich halte eine Taschenlampe in der Hand, die dann aufleuchtet, wenn einer von Ihnen etwas sagt, das die Würde des anderen verletzt. Wenn die Taschenlampe aufleuchtet, muß derjenige, der gerade spricht, das Letztgesagte sinngemäß wiederholen, jedoch diesmal ohne Herabsetzung des anderen. Dann geht das Gespräch normal weiter. Zur gleichen Zeit spricht immer nur einer, und die Regel mit der Taschenlampe gilt für alle gleich."

Beispiel:

SIE: Du bist ein Dickkopf und verdrehst mir alle Worte im Mund. (Taschenlampe leuchtet auf)

SIE: Du hast feste Ansichten und hörst nicht immer zu, was ich wirklich sage.

ER: Ich höre sehr wohl zu, aber Du redest meist Unsinn, der mich nicht interessiert. (Taschenlampe)

ER: Ich höre sehr wohl zu, aber Deine Tratschereien interessieren mich nicht. (Taschenlampe)

ER: Also: Du sagst oft Dinge, die mich nicht interessieren.

SIE: Du kannst mir das ja sagen. Ich kann ja Deine Gedanken nicht lesen, Herr Professor. (Taschenlampe)

SIE: Ich kann ja Deine Gedanken nicht lesen.

ER: Nun gut, ich werd's Dir sagen. Aber Du darfst mir nicht jedes Mal an die Gurgel springen. (Taschenlampe)
ER: Du darfst es mir nicht übelnehmen.

Die Atmosphäre wird langsam entgiftet und ein Dialog wird möglich.

Das WAMFA-Spiel

Eine andere Methode, die ehelichen Gespräche auf einer sachlichen, und nicht emotionell geladenen Ebene zu halten, ist das WAMFA-Spiel (*W*hat *A*re *M*y *F*eelings *A*bout ... Was empfinde ich wenn ...). Das Ehepaar sucht sich ein Problem aus, das oft zu Zwistigkeiten führt. Es kann etwas ganz Belangloses sein (die meisten Zwistigkeiten entspringen belanglosen Ursachen), wie zum Beispiel die Schlamperei des Mannes, seine gebrauchten Socken am Fußboden liegen zu lassen; oder es kann etwas Wichtiges sein, wie zeitweilige Weigerung der Frau, mit ihrem Mann zu schlafen („Ich bin zu müde," oder „Ich habe Migräne").

Statt nach „tiefgründigen" Ursachen zu forschen („Deine Mutter hat immer nach Dir aufgeräumt, ich bin keine Masochistin, und will auch nicht Deine Sklavin sein, räume Dir Deine Socken gefälligst selbst weg," respektive: „Wenn Du mich am Tag anbrüllst, kann ich nicht am Abend mit Dir schlafen"), wird das Augenmerk vollkommen auf die gegenwärtigen *Gefühle* konzentriert.

Das Problem wird klar umrissen. Etwa das ihre: „Was empfinde ich, wenn Du die Socken Tag für Tag auf dem Fußboden liegen läßt?" Und das seine: „Was empfinde ich, wenn Du an mir nörgelst, wenn ich ab und zu vergesse, die Socken fortzuräumen?" Oder im zweiten Fall:

ER: „Was empfinde ich, wenn Du mich im Bett abweist?"

SIE: „Was empfinde ich, wenn ich einfach nicht anders kann und Dich abweisen muß?" Diese Gefühle werden erst einmal auf ein Blatt Papier aufgeschrieben, jeder für sich und für nicht länger als zehn Minuten. Die Gefühle werden möglichst genau beschrieben, mit vielen Adjektiven, und immer in Ich-Form, ohne Anschuldigungen. Die Papiere werden dann ausgetauscht und vom Partner gelesen. Dann folgt ein ebenfalls auf zehn Minuten beschränktes Gespräch, das sich auch auf die eigenen Gefühle konzentriert. Dadurch wird Klarheit geschaffen, ohne einen Grund zu Streitereien zu bieten. Denn über Gefühle läßt sich nicht streiten, es sind Tatsachen, die der Partner vielleicht nicht verstehen kann, aber akzeptieren muß.

Auf eine Erklärung: „Wenn jemand seine Socken herumliegen läßt, werde ich wütend (irritiert, frustriert), ich möchte Dich am liebsten bei den Schultern packen und Dich zurechtschütteln", kann man nicht argumentieren mit einem: „Nein, das ist nicht wahr, das macht Dich *nicht* wütend." Gegenanklagen sind verboten, wie etwa: „Na, und DU? Du läßt immer das ungewaschene Geschirr in der Küche herumstehen." Das Argument geht in die Breite, alles mögliche wird hereingezogen. „Vorige Woche hast Du ... Vorigen Monat hast Du ... Wenn Deine Mutter auf Besuch kommt, bist Du besonders heikel, und dabei macht sie die meiste Unordnung. All das wird durch die Grundregel ausgeschlossen, die lautet: *Ein* Problem, und Konzentrieren auf die eigene Gefühle. Eine Basis zur Verständigung ist gelegt. Das Geschirr, die Schwiegermutter kann ein anderes Mal vorgenommen werden.

Die Gefühle werden möglichst ohne persönliche Anklagen vorgebracht. Also nicht: „Über einen Schlampsack wie Dich werde ich immer wütend", sondern: „Wenn jemand Dinge herumliegen läßt, das macht mich rasend." Beschrieben wird die Wut, mit drastischen Worten und, wenn möglich, mit einem Schuß Humor.

Funktionslücken und Funktionskollisionen

Alle die genannten Methoden beruhen weniger auf logotherapeutischen als auf allgemeinen Grundlagen und einem gesunden Menschenverstand. Sie müssen von einem Sokratischen Dialog gefolgt sein, der das Verhältnis der betreffenden Personen untereinander untersucht, um zu sehen, ob es ein gesundes Verhältnis ist.

Dr. Lukas hat in ihrem Buch, *Auch Deine Familie braucht Sinn,* definiert, was unter einem gesunden Familienverhältnis zu verstehen ist. In einer gesunden Familie, so sagt sie, hat jedes Familienmitglied eine gesunde, das heißt, eine sinnvolle Funktion. Eine Familie lebt sinnvoll, wenn sie weder Funktionslücken noch Funktionskollisionen hat. Wie das Leben selbst, so stellt auch die Familie gewisse Forderungen an uns, die wir zu erfüllen haben, soll unser Familienleben sinnvoll sein. Eine junge Mutter, zum Beispiel, hat eine verhältnismäßig große Funktion dem Kleinkind gegenüber, und wenn sie nach ihrer Selbstverwirklichung in einem Beruf oder in gesellschaftlicher Tätigkeit sucht, kann eine Funktionslücke entstehen, die eventuell durch eine andere Bezugsperson (etwa eine im Hause lebende Großmutter) gefüllt werden kann. Wenn das Kind zu einem Jugendlichen herangewachsen ist, nimmt die Bedeutung der Mutter ab, und wenn sie dann immer noch auf der Bedeutung besteht, die sie als junge Mutter dem Kleinkind gegenüber hatte (d. h. den Jugendlichen wie ein Kleinkind behandelt), entsteht eine Funktionskollision.

Die Familie ist gesund, wenn sich jedes Mitglied seiner eigenen Funktionen und Bedeutung innerhalb der Familie bewußt ist, auch dann, wenn sich diese Funktionen ändern. Dieses Funktionsbewußtsein ist auch besonders in Zeiten des Stresses (Wirtschaftskrise, Krankheit, neues Kind, Altern, Tod), nötig, selbst wenn es Verzicht verlangt. In unserer Zeit, wenn so viele Individuen nach persönlicher Selbstverwirklichung streben, ohne auf die anderen Personen zu achten, liegt die Gefahr sehr oft in einer *Unter*forderung. In einer gesunden Familie ist es weder möglich, daß ein Familienmitglied nur Anweisungen gibt, die die anderen Angehörigen ausführen müssen (Überforderung, Funktionskollision), noch ist es möglich, daß jedes Familienmitglied unabhängig von den andern tut, was ihm beliebt (Unterforderung, Gefahr einer Funktionslücke).

In einer gesunden Familie ist es nötig, daß jedes Familienmitglied seine Rolle erkennt, und gewillt ist, den Forderungen der jeweiligen Situation nachzukommen. In diesem Zusammenhang sind zwei menschliche Fähigkeiten von außerordentlicher Wichtigkeit, wie die Logotherapie grundsätzlich immer wieder betont: Selbstdistanzierung und Selbsttranszendenz.

Unsere Fähigkeit zur Selbstdistanzierung ermöglicht es uns, zu sehen, wo es Funktionslücken gibt, wie alles zusammenpaßt. Ohne Distanz wären wir befangen in den Gedanken unseres eigenen Wohlergehens und könnten nur begreifen, was uns allein nottut, nicht aber die Bedürfnisse der andern.

Unsere Fähigkeit zur Selbsttranszendenz befähigt uns, anderen Familienmitgliedern zuliebe eine Funktion auszuüben, selbst wenn wir sie nicht wirklich ausüben wollen, oder auf eine Funktion zu verzichten, auch wenn wir sie gerne ausüben möchten.

Auf diese beiden menschlichen Fähigkeiten – Selbstdistanzierung und Selbsttranszendenz – muß also in all den Übungen das Augenmerk gerichtet bleiben. Eine weitere Gefahr besteht in einer Falscheinordnung des Familienwertes in die persönliche Werthierarchie. Die Familie darf weder ganz an der Spitze der Wertpyramide sein, so daß das Leben vollkommen sinnlos erscheint, wenn die Familie ihren obersten Wert verloren hat (durch das Wegziehen der Kinder, Scheidung), noch darf sie von vornherein zu weit unten in dieser Pyramide fungieren. Die Familie soll ihren Platz in einer parallelgesicherten Werteinordnung einnehmen, zusammen mit anderen Werten, wie Beruf, Freunde, schöpferische und Erlebniswerte.

„Lehmspiele"

Ein direkter Weg zur Selbstdistanzierung führt zu den „Lehmspielen" (im Englischen „sculpting" genannt). Das Ehepaar, oder die ganze Familie, tut so, als ob sie aus Lehm wären und man sie nach Belieben modellieren könnte. Man kann sich selbst formen, und auch den Ehepartner, und sogar die ganze Familie, so wie man sie sieht. Der Ehemann, zum Beispiel, formt eine Gruppe, in der die Frau beiseite steht, trotzig, Beine gespreizt, verschränkte Arme, ganz in sich geschlossen. Er selbst liegt am Boden, hilflos, mit den Kindern über ihn gebeugt, an seinen Ärmeln oder Hosenbeinen ziehend. Zwei andere Kinder raufen miteinander, liegen einander buchstäblich in den Haaren. Die Frau formt wieder eine andere Gruppe, sie selbst auf dem Boden kauernd, ihr Mann aufrecht, seinen Fuß auf ihrem Nacken, die Kinder auf ihrem Buckel, eines davon in der Ecke, isoliert, dem Rest der Familie keine Beachtung schenkend. Die Kinder wieder formen andere Strukturen, jedes in seiner Art. Der Vater, drohend wie ein starker Bär, die Mutter mit erhobenem Zeigefinger, der Bruder vielleicht dominierend, die Schwester mit herausgestreckter Zunge. Die Teilnehmer müssen so tun, als wären sie aus Lehm und alle Stellungen und Gesichtsausdrücke annehmen, die ihnen der „Bildhauer" anweist. Auf diese Weise schafft jeder ein Tableau, das physisch symbolisiert, wie er die emotionellen gegenseitigen Verhältnisse sieht. Paarungen, Dreiecke, Allianzen, Eigenbrötlereien und Konflikte werden auf diese Weise choreographiert, wie sie der einzelne sieht, und er sieht auch, wie ihn andere Familienmitglieder sehen. Bedrohung, Trotz, Abhängigkeit, Unterwürfigkeit werden auf diese Weise plastisch zum Ausdruck gebracht, für alle – den Beschauer selbst eingeschlossen – deutlich zu sehen. Das aber darf nicht der Endzweck sein. Es wird eine weitere Reihe von Gruppen geformt, die zeigen, wie der Betreffende die Familienstruktur gerne sehen *möchte.* Und wie andere Familienmitglieder diese Struktur gerne sehen möchten.

Nachdem nun jeder von „außen“ her beobachten konnte, wie ihn die anderen in der Familienstruktur sehen und wie sie diese Struktur sehen möchten, wird wieder die Grundfrage gestellt: Was wäre der erste Schritt, um von der gegenwärtigen zur gewünschten Situation zu gelangen? Die zweite der menschlichen Fähigkeiten, die der Selbsttranszendenz, kann nun ins Spiel gebracht werden und die Frage wird besprochen: Welche zusätzliche Handlungen und welche Verzichte wären für jeden einzelnen nötig, um die Familienstruktur mehr zu der zu machen, die anstrebenswert scheint? Wer würde wem zuliebe was tun oder unterlassen? Unter günstigen Umständen ist der Teufelskreis gebrochen, in dem sich die Familienmitglieder gefangen fühlten, und wieder können die Weichen in neue Richtungen gestellt werden. Man kann nun miteinander reden, nicht nur vom eigenen Standpunkt aus, der gegen alles andere blind macht, sondern objektiv – nachdem man in Selbstdistanzierung von sich selbst weggetreten ist und sich selbst und seine Zugehörigkeit zur Familie von außenher und womöglich mit ein bißchen Humor betrachten kann.

Das Zeitungsblatt

Diese Form der menschlichen Bildhauerei macht ebenfalls von unserer Fähigkeit zur Selbstdistanzierung Gebrauch. Es ermöglicht Ehepaaren, ihr Verhältnis zueinander klarer zu sehen. Ein Zeitungsblatt wird auf den Boden gelegt, das geradeso groß ist, daß zwei Leute darauf stehen können. Das Paar wird nun aufgefordert, sich dem Blatt von entgegengesetzten Richtungen zu nähern und, ohne viel nachzudenken, sich darauf zu stellen. Von der Art und Weise, wie sie das machen, kann man weitgehend erkennen, wie sie zueinander „stehen“. Der Mann mag siegessicher auf das Blatt zuschreiten und sich breitspurig auf das Blatt stellen, als wollte er sagen: „Du trau Dich nur!“ Die Frau mag sich dann zögernd nähern und in einer Ecke stehen, wo noch gerade Platz ist.

Oder sie kann sich ihren Platz erkämpfen. Oder sich liebend an ihn schmiegen. Oder darauf achten, daß sie ihn trotz der notwendigen Nähe an keinem Punkt berührt. Oder sie können es sich gegenseitig so einrichten, daß sie beide Platz haben, indem sie einander umarmt halten, oder gegenseitig stützen. Oder einer kann den anderen stützen. Es gibt unzählige Möglichkeiten.

Das Paar wird nun aufgefordert, wieder vom Blatt wegzutreten und zu den Ausgangspunkten zurückzukehren. Dann sollen sie, was sie gerade unbewußt gemacht haben, noch einmal und diesmal ganz bewußt wiederholen – jeden Schritt, jede Bewegung, jedes Zögern, Widerstand und Anpassung. Im darauffolgenden Sokratischen Dialog haben sie Gelegenheit, ihre Handlungen – wieder von außen her gesehen, das heißt bewußt das Unbewußte beobachtend – durchzusprechen, und auch die Gefühle, die sie dabei gehabt haben (Trotz, Schuld, Zärtlichkeit, Triumph, Schwäche). Im Anschluß wird dann der Vorgang nochmals wiederholt, aber diesmal zu einer Position führend, wie sie ihr Verhältnis zueinander gerne sehen *möchten.*

Diese Übung erweist sich in Gruppen besonders nützlich, weil dann die anderen Gruppenteilnehmer ihre Kommentare dazu geben können, wie *sie* die Reaktionen der zwei Personen zueinander gesehen haben, und welche Schlüsse daraus gezogen werden könnten. Diese Kommentare von dritter Seite verstärken den Selbstdistanzierungseffekt.

In den gezielten Dialogen zwischen Ehepaaren empfiehlt es sich, das Positive zu betonen, oder das Negative in Positives umzuformen. Themen wie die folgenden empfehlen sich:

- Was hat mich zuerst an Dir angezogen?
- Was sind Deine Eigenschaften, derentwillen ich Dich geheiratet habe?
- Welches sind die Eigenschaften, die mir an Dir heute gefallen?

– Was haben wir gemeinsam?
– Welches sind die Gewohnheiten, die mich irritieren, und was können wir tun, um die Reibung zu beseitigen, oder wenigstens zu mindern? Was wäre der erste Schritt in dieser Richtung?

Diese einfachen Übungen, die auch als Listen aufgeschrieben werden können, können oft verschlossene Augen öffnen. Eine Frau, die vollkommen verärgert und feindselig (dem Gatten gegenüber) in die Beratung gekommen war, konnte nur mit größter Mühe dazugebracht werden, eine Liste seiner guten Eigenschaften anzufertigen. „Ich werde gar nichts finden können", prophezeite sie. Nach einigen Minuten des Stillsitzens und In-sich-gekehrt-seins schrieb sie eine zwei Seiten lange Liste und sagte erstaunt: „Ich hätte das nicht für möglich gehalten." Und wieder einmal waren die Weichen für eine Beratung gestellt.

Es besteht die Gefahr, daß eine solche Beratung ins Kitschige ausartet und daß sie bestenfalls bloß ein Heftpflästerchen auf einer ernsten Wunde ist. Das kann wohl der Fall sein, aber sie birgt auch darin Möglichkeiten, daß sie alteingesessene Verhaltensmuster bricht und den Beteiligten neue Einsichten in alte Situationen gewährt. Wo die Gefühle automatisch ‚nein' sagen, kann der menschliche Geist auch wieder ‚ja' sagen, und ein Eingang wird wiederentdeckt.

Man kann sogar das „Kitschige" auf den Gipfel treiben und dem Paar empfehlen einander einen Liebesbrief zu schreiben, den der Berater verspricht, in einem Monat aufzugeben, so daß er einigermaßen unvermutet per Post ankommt.

Dieser „Trick" wird seine Wirkung wohl verfehlen, wenn die Ehe bereits hoffnungslos gescheitert ist, kann aber helfen, wenn beide Teile noch ernsthaft gewillt sind, die Ehe zu retten.

Gruppentherapie

So gut wie alles, was bisher als Methode, Übung und Spiel beschrieben wurde, kann auch in Gruppen angewendet werden.

Gruppen enthalten gewisse Gefahren, zum Beispiel, daß sie einen Teilnehmer unter Druck setzen, Dinge zu sagen und zu tun, zu denen er noch nicht bereit ist. Es ist daher äußerst wichtig, daß in der Gruppe von Anfang an klargemacht wird, daß jeder Teilnehmer jederzeit und unter allen Umständen das Recht hat, eine Frage nicht zu beantworten oder sich an einem Spiel nicht zu beteiligen. Es muß aber auch darauf hingewiesen werden, daß einer, der sich nicht an der Gruppe beteiligt, nicht so viel aus der Erfahrung gewinnt wie einer, der voll mitmacht. Die Entscheidung aber liegt ausschließlich beim Teilnehmer.

Es muß auch klargemacht werden, daß die Gruppe die moralische Verpflichtung hat, alles Gehörte und Gesehene streng geheim zu halten, und es nicht außerhalb der Gruppe zu verbreiten.

Eine zweite Gefahr besteht darin, daß ein Teilnehmer von den anderen in seinem höchstpersönlichen Streben nach Sinnfindung beeinflußt werden kann, daß ihm Sinnfindungen aufoktroyiert werden könnten, die nicht seine eigenen sind. Es wird daher von vornherein abgeraten, anderen Ratschläge zu geben und Probleme für sie lösen zu wollen. Jeder hat die Aufgabe, seine eigenen Lösungen zu finden, und diese Verantwortung darf ihm nicht abgenommen werden.

Wenn jemand ein Problem erörtert, sollen die anderen nicht sagen, „Tue das und das", denn das wird in den meisten Fällen nur eine „Ja-aber-Reaktion" zur Folge haben, „Ja, aber dazu habe ich keine Zeit (Geld, Gelegenheit)", also nicht Mitwirkung sondern Widerstand.
Die Erfahrungen der anderen Gruppenteilnehmer sollen aber doch benützt werden, und zwar, wie bereits erwähnt, in der Form von Beispielen: „Ja, ich war auch in so einer Lage, und da habe ich das und das getan." Oder: „Wenn ich in so einer Lage wäre, würde ich das und das tun." Die Entscheidung liegt dann bei dem Betreffenden, und er kann sich aus den Beispielen der anderen das eine oder andere aussuchen, das ihm zusagt. Die übrigen Gruppenmitglieder haben ihm sozusagen geholfen, seine Liste der Möglichkeiten aufzustellen.
Eine weitere Gefahr in der Gruppe besteht darin, daß ein Teilnehmer den normalen Ablauf der Gruppe stört. Es wird die Aufgabe des Leiters sein, solche Störungen auf ein Minimum zu reduzieren, aber eine gute Gruppe, die ihre Aufgabe erkannt hat, wird oft das Problem selbst lösen oder mitlösen. Zuweilen sind solche Störungen das Beste, was in einer Gruppe passieren kann, denn sie bringen die wahren Gefühle zum Ausdruck, so daß sie offen diskutiert werden können. Ein Beispiel ist folgender Fall: Ein Gruppenteilnehmer, ein junger Mann namens Fred, beteiligte sich kaum und verließ die Gruppe einige Male, um immer wieder zurückzukommen. Schließlich explodierte ein anderer Teilnehmer, „Warum bist Du überhaupt hier? Du sagst nichts und störst uns durch Dein Hinaus-und-Hereingehen." Andere fielen auch über Fred her, aber bevor der Leiter noch eingreifen konnte, entspann sich folgender Dialog:

Fred: Ich habe einen Schäferhund im Wagen, und muß von Zeit zu Zeit gucken, wie es ihm geht.
Gruppenmitglied: Wegen eines Hundes störst Du uns hier?

Fred: Ja, er ist einsam.
Mitglied: Er ist Dir wohl wichtiger als die Gruppe?
Fred: Er ist mir sehr lieb.

In der Art, wie Fred das sagte, lag etwas, was die Gruppe aufhorchen ließ. Es war das erstemal, daß er irgend ein Gefühl gezeigt hatte. Es entwickelte sich ein Gespräch, in dem eine Frau in der Gruppe fragte, ob Fred, ein offensichtlicher Tierliebhaber, ihren eigenen Hund für ein Wochenende, an dem sie verreisten, in Obhut nehmen wollte. Sie bot ihm eine kleine Summe an und Fred akzeptierte, offenbar weniger wegen des Geldes, sondern wegen des ihm gezeigten Vertrauens. Wie sich später herausstellte, war dies das erstemal in seinem Leben gewesen, daß ihm jemand Geld für einen Dienst angeboten hatte, der ihm auch Freude machte.
Fred war von da an etwas mehr aufgeschlossen, und die Gruppe nahm ihn als ihresgleichen auf. In einer späteren Sitzung wurden die Mitglieder aufgefordert, ihre Eindrücke voneinander mitzuteilen, falls sie dies wollten. Einer sagte zu Fred: „Zuerst dachte ich, Du seiest ein Tunichtgut. Aber jetzt weiß ich, daß Du ein guter Mensch bist. Du hast Tiere gern. Ich hoffe, Du wirst auch die Liebe zu Menschen kennen lernen. Ein Mädchen vielleicht."
Fred antwortete einfach, „Tiere können mich nicht verletzen."
Fred wurde aufgefordert, eine Sinnfindungsliste zu machen, und wie nicht anders zu erwarten, spielten Tiere eine große Rolle. Er wählte unter den Möglichkeiten aus: „Freiwillig in einem Tierspital helfen." Als erster Schritt gab er ein Inserat in einer Zeitung auf und nahm eine unbezahlte Stellung an. Er ging zur Mittelschule zurück, um diese zu beenden, und bewährte sich so gut im Tierspital, daß er eine bezahlte Stellung dort bekam. Das letzte, was von ihm bekannt wurde, ist daß er mit einem Mädchen lebte. Ein *happy ending*, zu dem ein unliebsamer Vorfall in der Gruppe Anlaß gegeben hatte.

Es ist eine unbedingte Voraussetzung einer erfolgreichen Logogruppe, daß sich eine Atmosphäre gegenseitigen Vertrauens entwickelt. Oft sind die Freundschaften, die in der Gruppe geschlossen werden, wichtiger als alle „Therapie", die in der Gruppe angewendet wird. Die Weichen einer solchen Atmosphäre des Vertrauens müssen gleich am Anfang gestellt werden. Ebenso auch das Augenmerk auf eine positive Einstellung.

Ein guter Anfang ist etwa der: Die Teilnehmer sitzen im Kreis, auf bequemen Stühlen oder auf Polstern. Sie sind wahrscheinlich ein wenig nervös, und je entspannter der Leiter ist, desto entspannter werden auch die anderen sein. Ein paar humoristische Bemerkungen helfen, ein bißchen Gelächter bricht der Nervosität die Spitze ab. Die Teilnehmer werden aufgefordert, sich der Reihe nach vorzustellen und etwas über sich selbst zu sagen, was immer sie wollen. Sie werden auch gebeten, etwas Positives über sich selbst zu sagen, etwas Gutes über ihre momentane Lebenslage. Der Leiter beteiligt sich an dieser Vorstellung ebenfalls, wie er sich überhaupt immer wie ein Gruppenmitglied an allem selbst beteiligt.

Man kann diese Einführungsübung etwas dramatisieren, wenn dies am Platze scheint. Man steht im Kreis herum, und der Leiter hat einen Knäuel Wolle in der Hand. Er stellt sich vor und sagt etwas Schönes, etwas was ihm momentan Freude bereitet. Er behält das Ende des Wollfadens in der Hand und wirft den Ball einem anderen Teilnehmer zu, der ihm gegenüber steht. Dieser muß das Gehörte wiederholen, also etwa „Sie sind Hans Müller, ein Mittelschullehrer, und Sie freuen sich, daß Sie gerade Vater geworden sind." Er stellt sich nun selbst vor, sagt etwas Schönes über sich und wirft den Knäuel einem anderen zu, während er selbst den Wollfaden in der Hand behält. Auf diese Weise rollt sich der Knäuel ab, während sich ein Netzwerk unter den Teilnehmern bildet. Jeder wiederholt, was sein Vorgänger gesagt hat.

Dieses „Spiel“ zeigt auf drastische Weise, wie wir alle untereinander verbunden sind, und wie wir zum genauen Hinhorchen gezwungen sind, wenn wir etwas voneinander erfahren wollen. Dann wird der nun kleingewordene Wollball wieder zurückgeworfen. Der Letzte wirft ihn dem Vorletzten zu und versucht zu wiederholen, was dieser gesagt hat. Jeder wirft den Knäuel seinem Vorgänger zu und wiederholt, was dieser gesagt hat. Das Netzwerk löst sich auf, der Ball wird immer größer, man hat etwas übereinander gelernt, und ein bißchen Spaß gehabt.

Es kann aber auch vorkommen, daß die Teilnehmer so schüchtern oder nervös sind, daß sie nur Allgemeinheiten über sich selbst sagen. Um sie aus ihrer Schale zu locken, kann man sie auffordern, sich einen Partner auszusuchen, womöglich jemanden, den sie nicht oder nur flüchtig kennen. Sie setzen sich dann zu zweit zusammen und sprechen über sich selbst, etwa zehn Minuten jeder, also 20 Minuten im ganzen. Dann kommen alle wieder in der großen Gruppe zusammen und erzählen, was sie in den Zweiergruppen gehört haben. Und zwar sagt A, was B über sich gesagt hat, und B wird gefragt, ob die Darstellung richtig war und ob er etwas hinzufügen will. Dann sagt B, was A gesagt hat und A ergänzt das Gesagte, wenn nötig. Auf diese Weise bekommt die Gruppe Informationen, die der Betreffende vielleicht nicht selbst über sich gegeben hätte. Außerdem ist das eine Übung zum Zuhören, was in der Gruppentherapie überaus wichtig ist.

Natürlich ist das nur ein Anfang, denn in diesem Stadium wird noch niemand von seinen wirklichen und tieferen Gründen sprechen, die ihn zur Gruppe geführt haben. Aber ein Anfang ist eben gemacht.

Es empfiehlt sich in diesen Gruppen, keine großen Vorträge über Logotherapie zu halten, sondern die Information in kleinen Dosen in die Diskussion einfließen zu lassen. Es ist wahrscheinlich, daß Leute, die sich zu Logogruppen gemel-

det haben, bereits etwas über Logotherapie wissen und ein oder mehrere Bücher darüber gelesen haben.
Fast alle Übungen, die bisher in diesem Buch erwähnt wurden, können auch in den Gruppen verwendet werden. Als erste dieser Übungen ist diejenige zu empfehlen, in der der Teilnehmer zwei Listen anfertigt: eine Liste von Eigenschaften, die ihm an sich selbst gefallen, und eine zweite von Dingen, die ihm nicht gefallen und die er ändern möchte. Diese Listen sollen spontan und aufrichtig angefertigt werden. „Das sind *Ihre* Listen, und Ihre allein", wird der Leiter sagen. „Sie brauchen sie niemanden zeigen, und Sie brauchen auch nur so viel davon mitteilen, wie Sie wollen." Wenn die Teilnehmer sich selbstsicher zeigen, und besonders wenn sie bereits in Gruppen gewesen sind und mit deren Technik vertraut sind, können diese Listen von der ganzen Gruppe besprochen werden; andernfalls ist es auch hier wieder besser, die Gruppe in Paare zu teilen, die ihre Listen zuerst untereinander besprechen, bevor es zu einer allgemeinen Besprechung kommt.
In der Allgemeinbesprechung liegt die Betonung auf Selbstfindung und, innerhalb dieser, auf dem Positiven. Die Teilnehmer sehen ihre Listen durch und einer nach dem anderen hat Gelegenheit, über den Inhalt zu sprechen. Was sagt die Liste über mich aus? Enthält sie Überraschungen, Dinge, die ich nicht erwartet habe? Habe ich gedacht, ich würde so viel Positives an mir finden? Ist das Negative wirklich so arg? Gibt es da nicht Dinge, die ich im Grunde akzeptiere, weil sie mir auf anderen Gebieten Vorteile bringen? Oder muß ich nicht manche akzeptieren, weil sie ein Preis für Dinge sind, die mir an mir gefallen? Ich leide zum Beispiel oft darunter, daß ich mir zu viel vornehme und dann vieles nicht erledigen kann. Aber ich habe eben viele Interessen, die ich nicht aufgeben möchte, oder ich nehme Anteil an vielen Personen – eine Eigenschaft, die mir an mir gefällt. Und wenn ich wirklich etwas an mir ändern möchte, wie

kann ich das tun. Was wäre der erste Schritt, es auch tatsächlich zu tun?

Das sind die Richtungen, in der der Sokratische Dialog sich bewegt; nur in Gruppen ist es mehr als ein Dialog. Es wird ein „Polylog" – die anderen Gruppenmitglieder beteiligen sich, und der Leiter muß Sorge dafür tragen, daß er auf einer positiven Ebene bleibt, nicht in Ratschläge ausartet, oder gar in Vorwürfe. In einer Gruppe, die logotherapeutische Ziele erreicht, können wohl auch negative Dinge gesagt werden, aber die Teilnehmer haben inzwischen einander vertrauen gelernt und wissen, daß der Zweck alles Gesagten ist, einander zu helfen, die Wahrheit über sich selbst zu finden, was manchesmal schmerzt. Leiden wird nicht geleugnet, es wird bloß zum Sprungbrett zu einer Einsicht, eine Gelegenheit zu lernen und sich zu entwickeln. Der Dialog wird nie zu einem Gejammer und zu einer Aufzählung aller bösen Dinge, die einem untergekommen sind. Das Augenmerk wird nicht auf die Verzweiflung gelenkt, die einen zu überwältigen droht, sondern auf die Hoffnung, die immer noch besteht. Ein bißchen Humor ist unter allen Umständen am Platze, und manche dunkle Wolke wird durch Lachen zum Entladen gebracht. Zu einem Teilnehmer, der eine lange Liste von Dingen präsentierte, die ihm nicht an sich gefielen, zitierte ein anderer den Nestroysatz: „Niemand ist vollkommen wertlos. Er kann immer noch als abschreckendes Beispiel dienen."

Ein Ehemann, der gefragt wurde, wie er ehelichen Streit verhindere, antwortete: „Wenn wir Zwistigkeiten haben, gehen wir Fensterputzen. Meine Frau putzt von außen und ich von innen. Wenn wir uns gegenseitig durch das Fenster angucken, fangen wir an zu lachen und der Streit ist vergessen."

Der „Polylog" einer Gruppe ist vielfach improvisierend. Der Leiter kann wohl etwas für die Sitzung geplant haben, aber er wird seinen Plan über Bord werfen, wenn das Gespräch

in eine unerwartete Richtung geht, wenn einer der Teilnehmer etwa an etwas leidet, das er zur Sprache bringen will. Der sich entwickelnde Sokratische Dialog zwischen Leiter und Teilnehmern, und unter den Teilnehmern selbst, kann durch allerlei Übungen und „Spiele“ aufgefrischt werden, wie sie in diesem Buch beispielsweise erwähnt sind, durch Listen, Träume, Logodramen, Phantasien, Erinnerungen. Die Gruppe kann sich wohl zuweilen mit einem der Teilnehmer beschäftigen, der ein besonderes Problem hat, aber nie so lange, daß der Betreffende sich unbehaglich zu fühlen beginnt und die andern sich vernachlässigt fühlen. Der Leiter wird die anderen in die Debatte mit hineinziehen, nicht als Ratgeber, sondern als Beispiel und Mitfühlender. Ist das Thema der Krise etwa Ehezwistigkeit, können die anderen gefragt werden, wie sie in ähnlicher Situation ihrer Ehe gehandelt haben. Ein improvisiertes Logodrama ist eine weitere Gelegenheit, die anderen Gruppenmitglieder in das Gespräch mit einzubeziehen. Eines der Gruppenmitglieder kann die Rolle des Ehepartners spielen, ein anderes die der Schwiegermutter, ein drittes die eines Freundes, mit dem es Probleme gibt. Der Gruppenteilnehmer, der sein Problem präsentiert, kann dann – in der freundlichen Atmosphäre der Gruppe – verschiedene Reaktionsmuster ausprobieren und, indem er auch die Rolle seines Ehepartners spielt, spüren, wie es diesem zumute ist.
Es besteht in einer Gruppe oft die Gefahr, daß eines der Mitglieder immer im Mittelpunkt der Aufmerksamkeit stehen will, und seine Probleme übertreibt, oder gar erfindet. Der Leiter muß eine gute Spürnase für solche Dinge haben, und meistens ist es die Gruppe selbst, die solche Sensationshascher entlarvt.
Im allgemeinen versucht die Gruppe ihren Teilnehmern zu helfen, Sinn in den fünf Bereichen zu finden, die wir im Hauptteil des Buches aufgezählt haben: Selbstfindung, Wahlalternativen, Einmaligkeit–Einzigartigkeit, Verantwor-

tung, und Selbsttranszendenz. Alle in den entsprechenden Kapiteln aufgezählten Methoden können auch in Gruppen angewendet werden.

Es ist erstaunlich, wie viele Klienten an einem unterentwikkelten Selbstbewußtsein leiden und keine Ahnung haben, welche Möglichkeiten und innere Kraft sie besitzen. Das sind oft Leute, die nur wenig finden können, was sie auf die Liste der Dinge schreiben, die ihnen an sich selbst gefallen, während die Liste der unerwünschten Dinge sehr lang ist. Diese Leute können einem „Stärkebombardement" ausgesetzt werden. Sie werden gebeten, sich in die Mitte des Kreises zu setzen und ein Inventar ihrer Stärken auf ein Blatt Papier zu schreiben. Wenn dieses, wie zu erwarten, kurz ausfällt, wird der Rest der Gruppe gebeten, positive Eigenschaften zu nennen, die sie an dem Betreffenden bemerkt haben oder die sie in ihm vermuten. Dieser fügt diese Eigenschaften seinem Inventar bei. Mängel und Probleme dürfen in diesem Stadium nicht diskutiert werden. Wenn niemand mehr an zusätzliche Stärken denken kann, kommt der nächste Schritt: Welche Stärken, die er jetzt noch nicht besitzt, könnte er entwickeln? Diese werden in eine zweite Liste aufgenommen und ein Aktionsprogramm wird aufgestellt, wie der in der Mitte Sitzende diese neuen Stärken an sich entwickeln könnte. Dieses Programm muß den Eigenschaften und Möglichkeiten des Betreffenden angepaßt werden, und er selbst muß entscheiden, wie weit er die Möglichkeiten verwirklichen kann. Diese Übung beruht auf unserem Glauben, daß jeder von uns im Tiefinnersten weiß, wer er *ist* und noch sein *könnte,* und welche Fähigkeiten in ihm schlummern, und die Übung ist darauf hin gerichtet, diese unbewußten Kenntnisse bewußt zu machen.

Einem ähnlichen Zweck dient das bereits genannte „Als-ob"-Spiel, das in Gruppen mit gutem Erfolg angewandt werden kann. Eine kleine Mauerblume wird aufgefordert, sich wie eine verführerische Sexbombe zu benehmen; einer, der nie glaubt, daß das, was er zu sagen hat, irgendwelcher Aufmerksamkeit würdig ist, wird gebeten sich in die Mitte des Kreises zu setzen und alle Leute aufzufordern, ihm zuzuhören. Oder wir spielen das Prahlhans-Spiel mit einem Mann, der mit dem Motto aufgewachsen ist, daß „Selbstlob stinkt". Auch er sitzt in der Mitte und prahlt über alle Eigenschaften, an die er nur denken kann, und die er im Innersten auch zu besitzen glaubt. Und die anderen Teilnehmer rufen ihm positive Eigenschaften zu, die sie in ihm vermuten und die er, wenn er will, seiner Liste hinzufügen kann.

Es gibt eine Fülle von Spielen und Übungen, die für Gruppen ausgearbeitet worden sind. Man kann sich diese beliebig ausborgen, soferne sie den Prinzipien der Logotherapie entsprechen, oder man kann bestehende Übungen diesen Prinzipien anpassen. Im folgenden sind zwei solcher Gruppenspiele kurz erwähnt, die von Frau Dr. Lukas entwickelt wurden.

Das erste ist die „Dereflexionsgruppe", die von Dr. Lukas gewöhnlich für Leute angewendet wird, die durch eine erfolgreiche Individualtherapie gegangen sind, und nun – positiv gestärkt – wieder „ins Leben" entlassen werden sollen, wo sie den Problemen des Alltags ohne weitere Therapiehilfe ausgesetzt sind.

Zum Unterschied von „normalen" Gruppen, wo Probleme und Schwierigkeiten zur Sprache gebracht werden, ist es in der Dereflexionsgruppe verboten, von solchen zu sprechen. Es darf nur Positives vorgebracht werden, und wenn jemand mit einem Problem daherkommt, wird das die Gruppe selbst verbieten. Das Augenmerk bleibt auf das Erfreuliche gerichtet, selbst wenn es sich um geringfügige Vorfälle handelt. Wir schenken geringfügigen Unannehmlichkeiten übergroße Beachtung, beobachten genau, wenn etwas schief geht, und es geht schief. Eine Distanzierung von der Identifizierung als Pechvogel ist vonnöten.

In der Dereflexionsgruppe wird das Erwartungsmuster ins Positive umgebogen. Je mehr man das Erfreuliche beobachtet, desto mehr wird es Teil unseres Lebens. Normalerweise schenken wir dem kaum Aufmerksamkeit, wenn uns jemand auf der Straße anlächelt, wenn ein Rosenbusch in voller Blüte steht oder ein Vogel aus voller Kehle singt. Solche Dinge müssen ein Teil unserer bewußten Erfahrung werden, aber dazu bedarf es des Trainings. Die Teilnehmer werden aufgefordert, diese erfreulichen Begebenheiten, so minimal sie auch sein mögen, in ein Tagebuch einzutragen und sie am Abend vor dem Schlafengehen durchzusehen. In der Gruppe wird dann jeder Teilnehmer aufgefordert, wenigstens drei dieser erfreulichen Erlebnisse zu schildern. Das schafft eine Atmosphäre des Positiven, das die Aufmerksamkeit auf weiteres Positives verstärkt.
Eine der Übungen in Frau Dr. Lukas' Dereflexionsgruppen ist die Assoziation. Nach kurzen Entspannungsübungen werden die Teilnehmer gebeten, mit geschlossenen Augen zu sitzen, und der Leiter sagt, in entsprechenden Abständen, ein Wort oder eine Phrase, zu denen die Teilnehmer im stillen Assoziationen bilden sollen: etwa „Abend" oder „Sommer" oder „spielende Kinder". Diese Assoziationen werden dann später in der Gruppe besprochen, und auch die Gefühle erörtert, die sie geweckt haben.
Dr. Lukas machte bei diesen Übungen die Erfahrung, daß Teilnehmer etwas als „positiv" (oder vielleicht als „sinnvoll") betrachten, was objektiv gesehen, gar nicht positiv aussieht. So hatte eine Frau mit dem Schlagwort „Sommer" nicht etwa ihre Griechenlandreise assoziiert (obwohl diese durchaus angenehm verlaufen war), sondern erzählte den folgenden Vorfall: sie hatte im Sommer einen Streit mit ihrem Freund gehabt, und war unterwegs zu ihm, um ihm ihre Meinung zu sagen. Auf der Straße sah sie eine tote Katze, und sie begann nachzudenken, wie kurz das Leben war, und daß man es nicht mit unnützen Streitereien vergeuden sollte.

Als sie zu ihrem Freund kam, war sie in ganz anderer Stimmung, als da sie aufgebrochen war, und es kam zu einer Versöhnung. Diese Episode war ihr durch den Kopf gegangen, als sie an den Sommer dachte, und nicht die schöne Griechenlandreise.

Eine zweite Art von Gruppe, mit der Frau Dr. Lukas derzeit experimentiert, ist eine „Meditationsgruppe". Auch diese Gruppe wird als Abschluß einer Therapie verwendet. Sie dient der Betrachtung des Lebens, hauptsächlich des eigenen Lebens, ausgelöst durch Parabeln, wie sie in der logotherapeutischen Literatur vorkommen.

Zum Beispiel: der Pessimist ist wie ein Mensch, der täglich von einem Wandkalender ein Blatt abreißt, und angstvoll auf den immer dünner werdenden Kalender blickt. Der Optimist ist wie einer, der täglich die Ereignisse des Tages auf der Rückseite des Kalenderblattes notiert, bevor er es abreißt, und sorgfältig zu den anderen legt, und sich freut, wie der Stoß der Blätter mit seinen Notizen anwächst.

Oder: ein Flugzeug ist auch dann schon ein Flugzeug, wenn es am Boden vor dem Abflug dahinrollt, aber das Wesentliche seiner Flugzeugnatur offenbart sich erst, wenn es sich in die Lüfte schwingt.

Oder: wenn der Grundriß einen Kreis zeigt, kann man aus der zweidimensionalen Perspektive nicht erkennen, ob es der Grundriß einer Kugel, eines Kegels oder eines Zylinders ist. Das kann man nur erkennen, wenn man sich in die dreidimensionale Sphäre erhebt, wo die drei Körper in ihrer wahren Form existieren.

Oder: ein Affe, der eine schmerzvolle Injektion erhält, wenn ein Forscher ein krankheitsheilendes Serum entdecken will, spürt nur den Schmerz, und kann nicht wissen, daß sein Schmerz einem höheren Ziel dient.

Oder: wir dürfen nicht nur auf die leeren Stoppelfelder unserer Vergangenheit blicken, sondern auf die vollen Scheunen der Gegenwart, die die Ernten beherbergen.

Schlußübungen

Auch regelrechte Logogruppen sollen mit einer hoffnungsvollen und positiven Note enden, die die Teilnehmer als Lebensphilosophie mitnehmen können. Freundschaften wurden geschlossen und Selbstvertrauen wurde gestärkt.

Eine Übung für die letzte Sitzung ist etwa die: Man sitzt im Kreis und jeder sagt der Reihe nach etwas über jeden anderen Teilnehmer. Zu dieser Zeit ist es kaum noch nötig, zu betonen, daß dies nur ermutigende Kommentare sein sollen, und nicht herabsetzende. Eine gewisse Kritik kann sich schon einschleichen, aber der Betreffende wird wissen, daß die Kritik in positivem Sinne gemeint ist und auch in positivem Sinne ausgedrückt wird.

Eine Variante besteht darin, daß man jedem Teilnehmer so viele leere Zettel aushändigt, als andere Teilnehmer vorhanden sind. Jeder schreibt nun anonym eine positive Aussage über jeden der anderen. Die Zettel werden eingesammelt und jeder der Teilnehmer bekommt einen Stoß von Aussagen über ihn, die er mit nach Hause nehmen kann.

Kommt die letzte Sitzung zu ihrem Ende, kann ein Kreis geformt werden, in dem sich die Teilnehmer um die Schulter fassen, und noch eine letzte Gelegenheit haben, den andern mitzuteilen, was sie gelernt haben und welches ihre Gefühle sind. Es ist in einer gutgeführten Logogruppe undenkbar, daß sich nicht ein Gefühl der Wärme zwischen den Teilnehmern entwickelt hätte, in dem sie nun voneinander scheiden.

Anhang

Auch die Übungen dieses Anhangs, insbesondere die als „Hausaufgaben" gekennzeichneten, die logotherapeutischen Fragebogen und die logotherapeutischen Tests eignen sich zum Teil nicht nur zur Arbeit in der Gruppe, sondern auch zur Partner- und Einzelarbeit, falls die Möglichkeit, an einer Logogruppe teilzunehmen, nicht besteht.

Tägliche Sinnfindung

Praktische Winke für eine achtwöchige Gruppe

Im folgenden ist ein achtwöchiger Gruppenkurs skizziert, den Pastor John Quirk in Vancouver (Kanada) entworfen hat, nachdem er am Institut für Logotherapie in Berkeley studiert hatte.

Der Zweck des Kurses, wie ihn Quirk beschreibt, soll es sein, die Gruppenteilnehmer zu befähigen, ihr Leben so zu gestalten, daß sie es sinnvoll finden und daß sie ihr tägliches Tun und Lassen mit ihrer grundlegenden Weltanschauung in Einklang bringen können.

Die Teilnehmer lernen so zu leben, wie sie im Tiefinnersten wissen, daß sie leben *sollten.* Die Logotherapie lehrt nämlich, daß wir alle in unserem geistigen Unterbewußtsein wissen, was für eine Art von Mensch wir sind und in welcher Weise wir uns noch entwickeln können, und welche Art von Leben uns sinnvoll scheint. Diese unbewußte Selbsterkenntnis ist verborgen hinter den Masken, die wir anlegen, um zu verstekken, wessen wir uns schämen und wovor wir uns fürchten.

Unser Lebenssinn wird klarer, wenn wir verstehen, daß dies eben nur Masken sind und beginnen, uns so zu sehen, wie wir wirklich – und im besten Sinne – sind und sein können.
Aber Selbsterkenntnis ist nicht genug. Selbsterkenntnis sieht einen neuen Menschen im alten Gebilde, wie etwa ein Bildhauer das Kunstwerk, das ihm vorschwebt, in einem unbehauenen Marmorblock sieht. Dieses Kunstwerk wird aber erst Wirklichkeit, wenn er beginnt, an diesem Marmorblock zu arbeiten und abzusplittern, was das Kunstwerk verdeckt. Und so müssen wir alle an uns arbeiten. Die Idee genügt nicht, wir müssen etwas dazutun, um sie Wirklichkeit werden zu lassen – Schritt für Schritt.
Quirk gibt ein Beispiel, wie ein erster Schritt der Anfang einer grundlegenden Änderung sein kann.
Frau B. war verzweifelt, weil sie sich mit ihrem Mann und ihren zwei Jungen immer schlechter verstand. Sie wollte liebevoller sein – eine bessere Frau und Mutter. Daß sie sich Selbstvorwürfe machte, verbesserte die Situation kaum. Quirk fragte sie: „Was haben Sie im letzten Monat getan, das Ihnen zeigte, daß Sie nicht die Art von Frau und Mutter sind, die Sie sein möchten, und – was noch wichtiger ist – daß Sie nicht die Art von Mensch sind, die Sie sein möchten?" Er schlug ihr vor, jede Woche in ihrem Tagebuch eine Eintragung zu machen, die mit den Worten beginnen sollte: „Diese Woche war ich nicht liebevoll als ..." Dann sollte sie spezifische Beispiele anführen.
Innerhalb von vier Wochen hatte Frau B. eine Reihe von Beispielen notiert, in denen sie kein liebevolles Benehmen gezeigt hatte. Sie führte das folgende Beispiel an: Die Arbeit ihres Mannes brachte es mit sich, daß er um 1 Uhr nachts nach Hause kam. Während er sich im Schlafzimmer auszog, setzte er sich auf ein Sofa und stellte den Fernsehapparat an. Obwohl er ihn nur leise anstellte, um sie nicht zu stören, machte sie diese nächtliche Routine wütend. Die anderen Teilnehmer der Gruppe tauschten Ideen aus, was *sie* in einer

solchen Lage tun würden, um das nächtliche Ritual zu brechen.

Eine der Frauen in der Gruppe hatte gesagt: „Wenn das mein Mann wäre, würde ich aufstehen und mich zu ihm aufs Sofa setzen und mit ihm fernsehen, bis er entspannt genug ist, sich ins Bett zu legen." In der nächsten Gruppensitzung hatte Frau B. berichtet, daß sie dies tatsächlich versucht hatte. Ihr Männ hätte seinen Arm um ihre Schulter gelegt und sie hätten eine Zeitlang ein dummes Fernsehprogramm angesehen. Am nächsten Morgen, als ihre Jungen zur Schule gingen, hatte sie etwas getan, was sie noch nie getan hatte: Sie hatte dem Jungen ihren Arm um die Schultern gelegt und ihn umarmt. Das hatte sie nun in der gleichen Woche bereits dreimal beim Abschiednehmen der Jungen getan, und hatte das auch bei ihrem Mann versucht: „Ich war wirklich liebevoll diese Woche", erklärte sie stolz. Diese winzige Änderung in ihrem Verhalten hatte ihr gezeigt, daß sie liebevoll sein konnte, und diese neue Selbsterkenntnis hatte eine neue Struktur in ihr Leben gebracht. Statt in Frustration nachzugrübeln, was sie tun *sollte,* hatte sie den ersten Schritt getan. Bisher hatte sie sich immer vorgeworfen, daß sie mehr mit ihrer Familie zusammensein *sollte,* daß sie ihren Mann und die Kinder als wichtige Personen in ihrem Leben sehen *sollte,* und hatte sich unglücklich darüber gefühlt, wenn sie ihre guten Vorsätze mit ihrem lieblosen Benehmen verglichen hatte.

Erstes Zusammentreffen:
Einführung in die Logotherapie

Beim ersten Zusammentreffen schreibt Quirk auf eine Tafel, was er in den acht Sitzungen zu behandeln plant:

1. Einführung in die Logotherapie
2. Meine Werthierarchie
3. Spannungen und Streß
4. Sinnbringende Änderungen in meiner Lebensweise

5. Was tue ich in Krisensituationen?
6. Wie überwinde ich Sinnlosigkeit?
7. Wie überwinde ich Depressionen?
8. Was ich über tägliche Sinnfindung gelernt habe.

Übung 1:
Wenn Nummer 1 bedeutet, daß Sie sich besonders elend fühlen, und Nummer 5, daß Sie überglücklich sind – wie würden Sie sich momentan einstufen? In welcher Richtung bewegen Sie sich – aufwärts oder abwärts? Sie mögen so etwas sagen wie: „Ich bin heute eine 2 und es geht aufwärts," oder: „Ich bin eine 3 und bleibe dabei", oder „Ich bin gerade noch mit Ach und Krach eine 1."
Diese Selbsteinschätzung hilft Quirk, sein Vorgehen in der Gruppe zu planen. Mit lauter Einsern und Zweiern konzentriert er sich gleich auf die gegenwärtigen Probleme der Teilnehmer. Mit vielen Fünfern kann er einen mehr intellektuellen Zugang versuchen und ihnen die Logotherapie erklären, so daß sie sich die Methoden selbst aussuchen können, die auf ihre gegenwärtige Situation passen.
In solchen Fällen erklärt Quirk die Grundsätze der Logotherapie, zuerst einmal die Dreidimensionalität des Menschen: Wir alle haben eine körperliche, psychologische, aber auch eine geistige Dimension. Es ist wichtig, daß die Gruppenteilnehmer klar sehen, daß ihr eigentliches Selbst in der geistigen Dimension liegt: Sie *haben* einen Körper und eine Psyche, aber sie *sind*, was Frankl das „Nous" nennt, der Geist. Dieses „Geistige" im Menschen ist weit mehr als der Intellekt; es ist die ausschließlich menschliche Dimension, in der wir Entscheidungen treffen, einschließlich der Entscheidungen über den Sinn unseres Lebens und den Sinn der allfälligen Situationen. Aber die andern beiden Dimensionen dürfen auch nicht vernachlässigt werden: Der Mensch muß in seiner vollen Dreidimensionalität verstanden werden.

Übung 2:
Machen Sie eine Liste von Situationen, in denen Ihr Leben einen Sinn zu haben scheint, und notieren Sie die geistigen (noetischen) Quellen, aus denen dieser Sinn entspringt: schöpferische Kraft, menschliche Zuneigung, selbstgewählte Aufgabe, Wahlfreiheit, Entdecken einer Wahrheit oder eines Wertes, Selbsttranszendenz, Transzendenz, Erkenntnis Ihrer Einmaligkeit, freiwillig übernommene Verantwortung. Zum Beispiel:

Mein Leben ist sinnvoll, wenn...	*Mögliche geistige Quelle*
... ich arbeite,	Schöpferische Kraft, Verantwortung (etwa um meine Ausbildung zu finanzieren), Selbsttranszendenz (um meine Familie zu erhalten).
... ich mit meinen Enkelkindern spiele,	Menschliche Zuneigung, Einzigartigkeit, Verantwortung.
... ich Turnübungen mache,	Wert der Gesundheit.
... ich sexuell tätig bin.	Menschliche Zuneigung, Einzigartigkeit.

Ohne die geistigen Quellen wird die Arbeit eine Last, das Spielen mit den Enkeln eine langweilige Routine, die Turnübungen eine Anstrengung und Sex eine gegenseitige Onanie.

Übung 3:
Notieren Sie einige Tätigkeiten der letzten Woche, die Ihrem Leben einen Sinn gegeben haben, und andere, die sinnlos schienen. Besprechen Sie Ihre Liste in Gruppen zu dreien oder vieren.

Hausaufgabe:

1. Auf einem großen Bogen Papier und mit Buntstiften entwerfen Sie eine „Landkarte" Ihres Lebens bis zur Gegenwart, mit all den Höhepunkten, Tiefpunkten, und Wendepunkten. Verlängern Sie Ihre Landkarte in die Zukunft, wie Sie sie sehen. Kein Zeichentalent ist nötig. Wichtig ist, was Sie zeichnen, nicht wie es aussieht. Denken Sie auch nicht lange nach, lassen Sie Ihr Unterbewußtsein zu Wort und Bild kommen – durch Formen, Symbole, Farben.

2. Auf einem anderen Blatt, beantworten Sie diese drei Fragen:
Wer bin ich, nach meiner eigenen Überzeugung?
Wer möchte meine Familie, daß ich bin oder sein sollte (Vater, Mutter, Partner, Kinder, andere wichtige Personen)?
Wer möchte ich sein?

Zweites Zusammentreffen: Meine Werthierarchie

Die Teilnehmer werden gebeten, ihre Landkarten auf den Boden zu legen und im Kreis um diese herum zu sitzen. Jeder spricht über seine Landkarte und diskutiert sie mit den anderen. (Wie bei anderen Übungen besteht kein Zwang, sich aktiv an den Übungen zu beteiligen, aber es wird klar gemacht, daß man aus einer Beteiligung Gewinn zieht.) Etwa folgende Fragen können diskutiert werden:
Was überrascht Sie an Ihrer Zeichnung?
Welches sind die wichtigsten Wendepunkte?
Waren diese Wendepunkte die Höhepunkte Ihres Lebens?
Was schien damals sinnvoll? Was scheint jetzt im Rückblick sinnvoll?
Woher kommen diese Werte? Von außen her (Eltern, usw.) oder von Ihnen selbst?

Welche Hoffnungen und Ziele haben Sie?

Welche Gefühle haben Sie jetzt, wenn Sie Ihre Landkarte ansehen?

Was können Sie aus ihr lernen?

Besonderes Augenmerk soll auf Farben, Symbole und die anderen Wege gelenkt werden, in denen das Unterbewußte hier zur Sprache kommt. Eine Frau, z. B., war verblüfft darüber, daß sie ihre Promotion von der Universität (eine überaus glückliche Erinnerung) und ihre Scheidung (ein Tiefpunkt ihres Lebens) in der gleichen Farbe gezeichnet hatte. Und dann erkannte sie, daß ihr geistiges Unterbewußtsein den Sinn ihrer Scheidung gleich eingestuft hatte mit ihrer Promotion: beide waren Wendepunkte zur Selbständigkeit und Reife gewesen, und es war nun Zeit, daß ihr das – acht Jahre nach ihrer Scheidung – endlich klar wurde.

Übung 4:

In Ihrem Heft machen Sie folgende Listen:

Werte, die Sie von Ihren Eltern (oder Großeltern) gelernt haben.

Drei Beispiele dafür, daß Sie so sind wie Ihr Vater.

Drei Beispiele dafür, daß Sie so sind wie Ihre Mutter.

Drei Beispiele dafür, daß Sie anders sind als Ihr Vater.

Drei Beispiele dafür, daß Sie anders sind als Ihre Mutter.

Drei Beispiele dafür, daß Sie sich in der letzten Woche so benommen haben wie Ihr Vater.

Drei Beispiele dafür, daß Sie sich in der letzten Woche so benommen haben wie Ihre Mutter.

Drei Beispiele dafür, daß Sie sich in der letzten Woche anders benommen haben als Ihr Vater.

Drei Beispiele dafür, daß Sie sich in der letzten Woche anders benommen haben als Ihre Mutter.

Frankls Unterscheidung zwischen Sinn und Wert wird nun besprochen, und auch die Rolle, die diese Begriffe in unserem täglichen Leben spielen. Die Logotherapie glaubt nicht, daß uns das Leben Glück schuldet, sondern daß es uns vielmehr – in jedem Augenblick – Sinnmöglichkeiten bietet. „Sinnvoll leben" heißt den jeweiligen „Sinn des Augenblikkes" zu erkennen, und die Frage, die uns das Leben in diesem Augenblick stellt, nach bestem Wissen und Gewissen zu beantworten. Aber die Beantwortung – Ver-antwort-ung – auf diese Fragen des Augenblickes verlangt von uns oft schwierige und manchmal anscheinend unmögliche Entscheidungen. In diesen Entscheidungen spielen die Werte eine große Rolle, denn Werte sind die allgemein akzeptierten Sinnmöglichkeiten in Normalsituationen. Die Situation, in der ich mich befinde, mag neu für mich sein, aber im Laufe der menschlichen Geschichte waren schon Tausende in ähnlichen Situationen und haben herausgefunden, wie man sich in ihnen sinnvoll benimmt. Statt den einmalig-einzigartigen Sinn zu entdecken, den die Situation mir persönlich bietet, folge ich den „Werten", die andere in ähnlichen Situationen als sinnerfüllend entdeckt haben. Den allgemeinen Werten zu folgen erspart mir wohl die Qual der Wahl, einen eigenen Sinn des Augenblickes zu finden, kann aber einen Gewissenskonflikt hervorrufen – dort nämlich, wo verschiedene Werte einander widersprechen – die Werte der Eltern etwa gegen die des Ehepartners oder des Freundeskreises, oder die Werte der Gesellschaft gegen die der Kirche, usw. Und so stehen wir immer noch einer qualvollen Wahl – der Wahl eines Wertes – gegenüber.

Übung 5:
Machen Sie eine Liste von Wertkonflikten, die Sie durchgemacht haben.
Machen Sie eine weitere Liste von Beispielen dafür, daß Sie anders gehandelt haben, als die Werte Ihres Kreises es erfordert hätten.
In Dreiergruppen, und mit Hilfe Ihrer Lebenslandkarte und der von Ihnen bisher verfertigten Listen, besprechen Sie die

Werte, die Sie als Ihre eigenen hochhalten, wie stark diese sind, und was Sie an ihnen ändern möchten.
Der Gruppenleiter schreibt nun die Werte, die ihm von den Teilnehmern zugerufen werden, auf eine Tafel.
Suchen Sie sich die Werte heraus, die Sie für wichtig halten, und stellen Sie eine für Sie gültige Werthierarchie zusammen.
Stellen Sie eine zweite Werthierarchie zusammen, wie Sie sie in fünf Jahren verwirklichen möchten.

Hausaufgabe:
Zeichnen Sie einen Kreis, der einen typischen Tag Ihres Lebens darstellt und zeichnen Sie ein, einen wie großen Abschnitt des Tages Sie mit verschiedenen Tätigkeiten verbringen, wie Arbeit, Schlafen, Toilette, Spazierengehen, Spielen, usw.
Vollenden Sie die folgenden zwei Sätze:
Der beste Tag der Woche ist, wenn ...
Der schlimmste Tag der Woche ist, wenn ...
Die Teilnehmer erhalten die „Streßbewertungsskala“ und den „Zweck-im-Leben“-Test und werden gebeten, diese zu Hause auszufüllen. (Diese beiden Tests und die Skala sind auf Seite 154 und 148 zu finden)

Drittes Zusammentreffen: Spannungen und Streß

Die Teilnehmer werden gebeten, die Landkarte ihres Lebens nochmals zu betrachten, und zwar im Hinblick auf die Fragen: Wo waren die Perioden des Stresses? Des Gleichgewichts? Des geistigen Wachstums?
Zu diesem Zeitpunkt kann die Streßtheorie Frankls erörtert werden. Diese unterscheidet eine physisch-psychologische Spannung, die meist unangenehme Folgen hat, und eine geistige Spannung, die wünschenswert ist. Auf dem Gebiet des

Physisch-Psychologischen ist es unser Ziel, Streß zu vermeiden oder ihn zu überwinden (wo dies möglich ist, wie Übermüdung, Streit, usw.), oder zu lernen mit ihm zu leben, wo er nicht vermieden werden kann (Folgen eines Unfalls, Scheidung, Pensionierung). Bemerkenswert ist hierbei, das der physisch-psychologische Streß nicht immer nur durch Unangenehmes verursacht wird, sondern zuweilen auch durch Erfreuliches, wie etwa Heirat, Geburt eines Kindes, ein neuer Posten.

Das Ziel bei einer geistigen Spannung, hingegen, ist nicht, sie zu vermeiden oder uns an die neue Situation anzupassen, sondern die Spannung zu nützen, um durch sie zu wachsen. Es ist die Spannung

- zwischen dem, was ich bin und was ich sein möchte (meine Hoffnung);
- zwischen dem, was ich bin und was ich sein könnte (meine Möglichkeiten);
- zwischen meinem begrenzten Ich und anderen Personen und Dingen, die mir wichtig sind und denen ich mich, über mich selbst hinausreichend, zuwende.

In der geistigen Dimension führt Spannungslosigkeit zu einer inneren Leere (dem „existentiellen Vakuum"). Hier spricht Frankl von einem „gesunden" Streß. Wer ihn vermeidet oder keine Gelegenheit findet sich an ihm zu messen, füllt diese innere Leere oft mit ungesunden Arten von Spannungen an, mit Gewalttätigkeiten, Rebellion und Aggression. Die Streßbewertungsskala dient dazu, den physisch-psychologischen Streß zu messen. Es hat sich gezeigt, daß Spannungen von mehr als 150 Punkten auf dieser Skala zu Krankheiten führen können. Einige dieser Spannungen sind unvermeidlich, andere können vermieden oder wenigstens aufgeschoben werden. So ist es ratsam, unmittelbar nach dem Tod eines nahen Familienmitgliedes nicht sofort das alte Familienhaus zu verkaufen oder in Pension zu gehen. Den Gruppenteilnehmern wird nahegelegt, die Skala mit nach

Hause zu nehmen, und sie von Zeit zu Zeit auszufüllen, um den Grad ihres jeweiligen Spannungsniveaus zu prüfen.
Der „Zweck-im-Leben"-Test dient dazu, das vorhandene geistige Spannungsfeld zu messen und das gegenwärtige Sinnniveau festzustellen. Dr. James Crumbaugh, ein Logotherapeut aus dem amerikanischen Süden, hat in jahrelangen Forschungen festgestellt, daß es jemandem, der weniger als 96 Punkte erzielt, an Sinnfindung mangelt, während Leute mit über 112 Punkten eine definitive Sinnorientierung gefunden haben. Bei der Anwendung dieses Tests in Gruppen ist es angezeigt, den Teilnehmern mitzuteilen, daß es nicht der Zweck des Tests ist, das eigene Resultat mit dem der andern zu vergleichen (was oft nur zu Depressionen führt). Der Zweck ist es vielmehr, sein gegenwärtiges Selbst mit einem neuen Selbst zu vergleichen, das anzustreben ist (wenn dieses Streben auch mit Spannungen verbunden sein mag), und festzustellen, auf welchen Gebieten das Streben nach Sinnfindung einer Stärkung bedarf.

Übung 6:
Überlegen Sie in kleinen Gruppen zu dreien oder vieren, wie Sie Ihren gegenwärtigen Streß auf physisch-psychologischer Ebene vermindern, und zu gleicher Zeit den auf geistiger Ebene zu gutem Zweck nützen können.
Schreiben Sie Begebenheiten der letzten Woche auf, die Beispiele dafür sind, daß Sie etwas getan haben, was Ihnen sinnvoll erschien;

- eine verantwortungsbewußte Entscheidung getroffen haben;
- freiwillig eine Aufgabe akzeptiert haben;
- den Sinn eines Augenblicks erkannt haben;
- etwas für einen anderen oder für eine Sache getan haben.

Hausaufgabe:
Machen Sie vier Listen:
Fünf Verhalten, die Ihnen sinnvoll scheinen
Fünf Verhalten, die Ihnen sinnlos scheinen
Zehn Dinge, die Sie im kommenden Monat tun *müssen*
Zehn Dinge, die Sie im folgenden Monat tun *möchten.*
Sehen Sie sich daraufhin den früher verfertigten „Kreis Ihrer täglichen Tätigkeiten" nochmals an und machen Sie allfällige Änderungen.

**Viertes Zusammentreffen:
Sinnbringende Änderungen**

Übung 7:

1. Stellen Sie eine Liste Ihrer langfristigen Ziele für die nächsten fünf Jahre auf.
2. Stellen Sie ein kleines „Paket" zusammen: Ihre Antworten auf die letzte Hausaufgabe – fünf sinnvolle Verhalten, fünf sinnlose Verhalten, zehn Dinge, die Sie im nächsten Monat machen müssen, und zehn, die Sie machen wollen. Und die Liste Ihrer langfristigen Ziele.

Bezeichnen Sie Ihr Paketchen mit einem Symbol, aber keinem Namen, und legen Sie es in einen Korb mit den Paketen der anderen. Jeder Teilnehmer nimmt ein Paket aus dem Korb, ohne zu wissen, von wem es stammt. Lesen Sie den Inhalt des von Ihnen gewählten Paketes und verfassen Sie einen Plan, wie Ihr unbekannter Partner sein Leben anordnen könnte, um seine Ziele zu erreichen.
Mit Hilfe der Symbole auf den Paketen finden Sie Ihren Partner, den Sie auf diese Weise unbekannterweise beraten haben. Besprechen Sie Ihre Ideen mit ihm, und später auch mit der Person, die Ihr Paket erhalten und Sie danach beraten hat. Auf diese Weise wird jeder Gruppenteilnehmer einmal „Berater" und dann wieder „Beratener". In beiden Fällen

können Sie daraus Gewinn ziehen. Als Berater sehen Sie, daß praktische Verhaltensänderungen vorgeschlagen und gemacht werden können, und daß Sie selbst auch solche Änderungen in Ihrem Leben treffen können, daß Sie aber eben nicht in unerwünschte Verhaltensmuster „eingefroren" sind. Und als Beratener erhalten Sie Vorschläge zu Veränderungen in Ihrem Verhalten, die Sie bisher vielleicht nicht bedacht oder einfach zurückgewiesen haben. Diese Ideen werden Ihnen nun vielleicht zugänglicher werden: auf diese Weise scheinen neue Möglichkeiten auf, Fesseln lösen sich, und verschlossene Türen öffnen sich.
Diese Übung kann unerwartete Resultate haben. Quirk berichtet von einer schüchternen älteren Dame, die sein Paket erhalten hatte. Sie hätte sich nie zugetraut, dem Gruppenleiter Ratschläge zu geben, und war verblüfft, daß er Ihre Ratschläge für nützlich hielt. Sie sah sich in einem neuen Licht, und ihr Selbstvertrauen war gestärkt.
Der Berater und der Klient besprechen nun die möglichen Verhaltensänderungen. Die Klienten bekommen neue Ideen, die sie in ihrem revidierten Plan für den nächsten Monat einverleiben können. Sie nehmen diese neue Version mit nach Hause und können von Zeit zu Zeit nachsehen, ob sie ihren Zielen nähergekommen sind. Es wird ihnen nahegelegt, an jedem Monatsende eine Eintragung in ihr Tagebuch zu machen, die mit den Worten beginnt: „Ich bin diesen Monat meinen Zielen nähergekommen, weil ..." Da sich die Gruppe für acht Wochen trifft, ist gerade noch Zeit, die Eintragungen vom ersten Monatsende in der Gruppe zu besprechen. Dann werden die Rollen getauscht: Der Berater wird Klient und das „Spiel" beginnt wieder von vorne.

Allgemeine Richtlinien für diese Übung:

* Nehmen Sie nur solche Anregungen an, die Ihrem Wertsystem entsprechen,
* Erlauben Sie sich die Freiheit, sich zu ändern, nicht nur

theoretisch, sondern in der Lebenspraxis. Obwohl Ihre Werte gleich bleiben, können sich Ihre Prioritäten ändern.

* Der Sinn eines Augenblicks kann von Ihnen verlangen, daß Sie gegen allgemein akzeptierte Werte rebellieren, mitunter sogar gegen einen Wert, der Ihnen selbst bisher teuer war. Sie haben aber die Trotzmacht des Geistes, solche neue Stellungen einzunehmen. Das ist möglich, aber machen Sie von dieser Möglichkeit vorsichtig Gebrauch – niemals leichtfertig.

Hausaufgabe:
Schreiben Sie ihr *Credo,* Ihr „Glaubensbekenntnis", über den Sinn des Lebens, wie Sie ihn sehen. Schreiben Sie es in Form von einigen Sätzen, die beginnen mit: „Das Leben ist am sinnvollsten, wenn ..."

**Fünftes Zusammentreffen:
Was tue ich in Krisensituationen?**

Traumen und kritische Situationen kommen oft zustande, wenn es einen Konflikt gibt zwischen:

* Dem Verhalten, das demjenigen angemessen ist, der Sie sein wollen, und ihrem täglichen Verhalten.
* Ihren langfristigen Zielen und Ihrer Reaktion zum „Sinn des Augenblickes" (in der noetischen Dimension).
* Ihren Eigeninteressen und Ihrem Wunsch, etwas für andere zu tun.

Übung 8:
1. Schreiben Sie Beispiele auf aus Ihrem Leben, die Konflikte illustrieren. Zum Beispiel:

* Ich möchte Aquarelle malen und muß den ganzen Tag kochen, aufräumen und für meine Familie sorgen.
* Ich möchte ein treuer Gatte sein, aber hie und da brauche ich ein bißchen Extravergnügen.

* Ich bin knauserig und benehme mich wie ein Heiliger.
* Ich möchte mehr Zeit mit meiner Mutter verbringen, aber ich habe ja auch mein eigenes Leben zu leben.

2. Um diese Konflikte erträglicher zu machen, versuchen Sie folgendes:
   a) Gewinnen Sie mehr Klarheit über Ihre wirklichen Ziele und Ambitionen, und akzeptieren Sie sie, selbst wenn sie nicht gerade schön oder gesellschaftlich annehmbar sind.
   b) Legen Sie mehr Augenmerk auf Ihre langfristigen Ziele.
   c) Versuchen Sie, sich in andere Personen einzufühlen.

3. In Gruppen zu dreien oder vieren, und mit dem Material, das Sie in den bisherigen Übungen und Hausaufgaben angesammelt haben, überlegen Sie die Änderungen, die Sie in den drei Punkten (2 a, b, und c) vornehmen könnten.
Prüfen Sie einen Konflikt, der Sie jetzt beschäftigt, und sehen Sie, wie Sie ihn lösen könnten in einem oder mehreren der genannten Wege (2 a, b, c). Hören Sie, was andere in der Gruppe dazu zu sagen haben.

Wenn Sie die Probleme der anderen Gruppenteilnehmer besprechen, vermeiden Sie direkte Vorschläge. Die haben meistens nur eine „Ja, aber“-Reaktion zur Folge. Nützliche Ideen können in anderer Form, wie folgt, vermittelt werden.
* *Durch ein Beispiel:* „Ich war vor fünf Jahren in einer ähnlichen Lage. Was ich damals tat, um die Krise zu bewältigen, war ...“
* *Wenn ich Sie wäre:* „Ich war noch nie in einer solchen Situation, aber ich stelle mir vor, was ich tun würde, wäre ...“
* *Logodrama:* Verschiedene Teilnehmer spielen die Rolle der Person in der krisenhaften Situation. Der Betroffene kann sich aussuchen, welche Handlungsweise ihm zusagt,

und sie dann selbst in einer gespielten Szene ausprobieren. Unter den Leuten, denen er zu vertrauen gelernt hat, kann er das leichter tun als im Leben. Es dient daher als Generalprobe fürs wirkliche Leben. Er kann sehen, daß die Situation, mit all den gefürchteten Varianten, gemeistert werden kann.

Hausaufgabe:
Stellen Sie eine Liste von Gründen auf, warum Ihr Leben jetzt sinnvoll ist. Wählen Sie die für Sie wichtigsten Gründe aus und geben Sie ihnen die Nummern 1 bis 5.
Stellen Sie eine weitere Liste von fünf Situationen auf, in denen Sie, wenigstens bis zu einem gewissen Grad, unersetzlich sind.
Stellen Sie eine dritte Liste von fünf Personen auf, denen Sie abgehen würden.

**Sechstes Zusammentreffen:
Wie überwinde ich Sinnlosigkeit?**

Übung 9:

1. Beschreiben Sie eine Episode in Ihrem Leben, die sinnlos schien. Besprechen Sie folgendes in Gruppen zu dreien oder vieren: Was haben Sie aus dieser Episode gelernt? Welchen Vorteil hat sie Ihnen gebracht? Ist irgend etwas Gutes aus ihr hervorgegangen? Von heute aus gesehen, sehen Sie nun im nachhinein irgendeinen Sinn in der alten Episode?
Erlauben Sie den anderen, etwaige Sinnmöglichkeiten in der alten Episode zu finden. Hat irgend jemand anderer in einer ähnlichen Situation Sinn entdeckt?

2. Lesen Sie der Gesamtgruppe Ihre Liste der Personen und Situationen vor, in der Sie sich als „unersetzlich" bezeichnet haben. Was empfinden Sie dabei? Was überrascht Sie?

3. Gibt es heute eine Situation, in der Sie sich wie in einer Falle fühlen? Beschreiben Sie sie in Ihren Notizen und ma-

chen Sie eine Liste der Möglichkeiten, die Ihnen noch offenstehen, einschließlich der unpraktischen und sogar der lächerlichen. Besprechen Sie Ihre Liste in kleinen Gruppen und sehen Sie, ob Sie – vielleicht mit Hilfe der anderen – eine Möglichkeit sehen, aus der Falle zu entkommen. Was wäre der erste Schritt in dieser Richtung?

Die drei Grundprinzipien der Logotherapie werden nun besprochen:

1. *Der Wille zum Sinn,* unsere Hauptmotivierung im Leben – stärker und fundamentaler als unser Wille zur Lust oder Macht. Lust und Freude sind nur die Konsequenzen der Sinnfindung. Macht ist ein Mittel zum Zweck – nämlich Sinn zu finden. Sinnfindung ist weder eine Konsequnez von etwas, noch ein Mittel zu etwas – es ist Endzweck.

2. *Freiheit des Willens.* Wir haben entweder die Freiheit, eine sinnlose Situation zu ändern, wo dies geht, oder unsere Einstellung zu einer sinnlosen – und unabänderlichen – Situation zu ändern. Wir können eine sinnvolle Einstellung zu einer Situation finden, die an sich sinnlos ist.

3. *Das Leben hat Sinn,* unter allen Umständen. Den absoluten Lebenssinn können wir wohl nie ergründen, aber wir können Einblicke gewinnen, die uns überzeugen, daß trotz eines offensichtlich bestehenden Chaos Ordnung in der Welt herrscht, in der wir eingebettet sind. Teilzunehmen in diesem weiten Gewebe des Lebens heißt Sinn im Leben finden. Im täglichen Leben kann Sinn auf drei Gebieten gefunden werden: durch unsere Taten, unsere Erfahrungen, und unsere Einstellungen.

Übung 10:
Die individuellen Glaubensbekenntnisse der einzelnen Teilnehmer werden auf eine Tafel geschrieben und ein „Grup-

pencredo" wird entwickelt – eine Reihe von Sätzen, die beginnen mit den Worten: „Das Leben ist sinnvoll, wenn ..."

Hausaufgabe:
Stellen Sie sich vor, daß Sie gerade gestorben sind. Ein guter Freund von Ihnen, der gerade die Nachricht von Ihrem Tod erhalten hat, verfaßt nun einen Brief an einen dritten, ebenfalls guten Freund von Ihnen, in dem er diesem Ihren Tod mitteilt. Was würde er über Sie schreiben? Wie sieht er Sie? Wie wichtig waren Sie für ihn? Welchen Unterschied macht es nun, daß Sie nicht mehr hier sind? Was ist das Wichtigste an der Erinnerung an Sie?

Siebentes Zusammentreffen: Wie überwinde ich Depressionen?

Depressionen können in allen drei Dimensionen ihren Ursprung haben: in der körperlichen, der psychologischen und der geistigen (noetischen) oder in einer Kombination dieser drei.
Körperlich bedingte Depressionen können medizinisch behandelt werden; psychologisch bedingte durch eine traditionelle Form der Psychotherapie; und Depressionen, die vom Geistigen her kommen, mit Logotherapie. Die Diagnose, um welche Art von Depressionen es sich handelt, sollte von einem Psychiater formuliert werden, der alle drei Möglichkeiten in Betracht zieht, einschließlich des geistigen Ursprungs. Wenn es sich um Depressionen handelt, die vom Körperlichen oder Psychischen her kommen, ist Logotherapie eine ergänzende, aber nichtsdestoweniger wichtige Therapie. Für „noogene" Neurosen, also die vom Geistigen her kommenden, wie von einem Gewissenskonflikt oder einem frustrierten Willen zum Sinn, ist Logotherapie die Therapie, die in erster Linie nützlich ist.
In jedem Fall, ob Logotherapie nun primär oder nur als Er-

gänzung verwendet wird, geht der Logotherapeut nach vier Stufen vor, die Elisabeth Lukas beschrieben hat. (Herderbücherei 825, *Auch Dein Leben hat Sinn,* Seite 114).
In der ersten Stufe wird im Patienten seine Fähigkeit zur „Selbstdistanzierung" geweckt und gefördert. Er wird dazu gebracht, Distanz von seiner Depression zu gewinnen, sich nicht mit ihr zu identifizieren, als etwas, das ein Teil seiner selbst *ist,* sondern zu erkennen, daß sie etwas ist, was er *hat.* Solange er die Depression als einen Teil seines Selbst sieht, wird ihm schwer zu helfen sein. Er muß lernen, sich als einen Menschen zu sehen, der zwar von Zeit zu Zeit an Depressionen leidet, aber darüber hinaus unzählige Fähigkeiten hat, einschließlich der Fähigkeit, die Depression zu überwinden, oder – wo das nicht möglich ist – mit ihr zu leben, während er die Folgen der Depression durch Medikamente zu lindern sucht.
Das führt zur zweiten Stufe, der Einstellungsmodulation, das heißt, die Überführung einer psychohygienisch ungesunden in eine gesunde Einstellung, ein Abwenden von den Wegen, die gesperrt sind, zu denen, die noch offen stehen. Gelingt diese Einstellungsmodulation zum Positiven, entsteht ein Feedback-Effekt, in dessen Folge sich die Symptome der Depression mildern, ja zuweilen ganz verschwinden. Auf der dritten Stufe wird die Symptomreduzierung zur Sicherung einer neuen Stabilität verwendet. Der Patient ist dann bereit für die vierte Stufe – eine allgemeine Erweiterung seiner Sinnorientierung durch Sensibilisierung für neue Sinnmöglichkeiten.
Die Gruppe kann bei leichten Depressionen helfen, und auch als Zusatz für Leute, die in Behandlung stehen, natürlich mit Zustimmung des behandelnden Therapeuten. Man kann Depressionen nicht verleugnen, wegwünschen oder durch Willenskraft überwinden. Man muß sie anerkennen und mit ihnen oder gegen sie zu leben lernen. Einer Person, die an einer Depression leidet, zu sagen, sie solle sich zusammenneh-

men, oder daß andere Leute noch ärger daran sind, macht die Sache nur ärger, da nun auch noch ein Schuldgefühl dazukommt, die Depression nicht überwunden zu haben.
In der Logotherapiegruppe kommt auch eine Art von Dereflexion mit ins Spiel – die Teilnehmer werden vom Grübeln über ihre Depression abgelenkt und zu sinnbringenden Tätigkeiten und Erfahrungen hingelenkt.

Übung 11:

Schreiben Sie in Ihr Notizbuch die fünf Gebiete, auf denen Sinnfindung besonders möglich ist:

1. Wenn Sie etwas über Ihr wahres Selbst entdecken.
2. Wenn Sie Entscheidungsmöglichkeiten sehen.
3. Wenn Sie sich einmalig, unersetzbar fühlen.
4. Wenn Sie eine Verantwortung übernehmen.
5. Wenn Sie selbsttranszendierend über sich selbst hinauswachsen – und etwas tun, um einer anderen Person willen oder einer Sache willen, die Ihnen wichtig ist.

Machen Sie nun eine Liste von Dingen, die Sie sich für morgen vornehmen, und bezeichnen Sie jede dieser Tätigkeiten mit den entsprechenden Nummern (1 bis 5). Zum Beispiel:

* Ich werde die Kinder zur Schule bringen (4)
* Ich werde das Frühstück für meinen Mann und die Kinder vorbereiten (5)
* Ich werde meine Mutter nicht anrufen, denn das deprimiert mich nur noch mehr (1, 2)
* Ich werde die Socken meines Mannes stopfen (2, 5)
* Ich werde mit meiner Nachbarin plauschen, weil sie das braucht (3, 5)
* Ich werde Klavier spielen, weil ich mich dabei gut fühle (1)
* Ich werde mit dem Fahrrad zum Markt fahren, die körperliche Übung tut mir gut (1, 2)
* Ich werde meiner Schwester helfen, eine Geburtstagstorte für ihren Jungen zu machen (5)

* Ich werde für die ganze Woche einkaufen. Unser Eisschrank ist leer (4, 5).

Die Teilnehmer lesen sich gegenseitig ihre Listen vor. Dadurch werden Sie vielleicht zusätzliche Ideen bekommen, die Sie in Ihre Liste aufnehmen können. Die Liste macht Ihnen bewußt, was Sie für ein Mensch sind, daß Sie Entscheidungsmöglichkeiten haben, daß Sie irgendwo unersetzlich sind, und gebraucht werden und daß Sie Verantwortung übernehmen und Dinge für andere tun können.

Machen Sie eine solche Liste jeden Abend für den nächsten Tag und notieren Sie, auf der Skala von 1 bis 5, welche Gefühle dies in Ihnen erweckt. Daß diese Listen auch eine Übung in der Dereflexion sind, beweist der Kommentar einer Teilnehmerin, die lachend sagte: „Wie kann ich da deprimiert sein? Ich hab ja gar keine Zeit dazu!"

Die Listen tragen zu allen vier Stufen der Logotherapie bei: Sie helfen bei der Selbstdistanzierung, mit der Einstellungsmodulation, mindern die Symptome und geben Ihnen eine Sinnorientierung.

Hausaufgabe:

Schreiben Sie auf kleine Zettel einen Satz für jeden Gruppenteilnehmer, beginnend mit: „Ich war froh, daß Sie in unserer Gruppe sind, weil ..." Keine Unterschrift.

Achtes Zusammentreffen:
Was ich über die tägliche Sinnfindung gelernt habe

Das letzte Zusammentreffen ist die Gelegenheit für einen Rückblick. Welches ist heute Ihr Gefühl auf einer Skala von 1 bis 5 (vergleiche erstes Zusammentreffen). Was hat sich in diesen acht Wochen ereignet, das einen Unterschied macht? Was können Sie aus dem Unterschied (oder dem Fehlen eines Unterschiedes) lernen?

Übung 12:

1. Berichten Sie über die erste monatliche Bewertung Ihrer Ziele (siehe Zusammentreffen 4).
2. Schreiben Sie in Ihr Notizbuch und besprechen Sie in der Gruppe:

* Zwei Dinge, die Sie gelernt haben
* Zwei Dinge, die Sie nicht erwartet haben
* Fünf Gründe, warum man Sie im Falle Ihres Todes vermissen würde.

Die Zettel der letzten Hausaufgabe werden nun eingesammelt und an die Adressaten verteilt, so daß jeder der zehn Teilnehmer neun anonyme Erklärungen erhält, warum seine Anwesenheit in der Gruppe wertvoll war.

Fortlaufende Übungen für die Zukunft

Setzen Sie die Übungen fort, die Ihnen nützlich scheinen.
Schreiben Sie in Ihr Tagebuch jeden Abend:
  Was heute sinnvoll war ...
  Was heute sinnlos war ...
Schreiben Sie jeden Sonntag Abend:
  Was diese Woche sinnvoll war ...
  Was diese Woche sinnlos war ...
Schreiben Sie jedes Monatsende:
  Was diesen Monat sinnvoll war ...
  Was diesen Monat sinnlos war ...
Schreiben Sie jedes Jahresende:
  Was dieses Jahr sinnvoll war ...
  Was dieses Jahr sinnlos war ...
Aus diesen fortlaufenden Übungen werden Sie ein Verhaltensmuster erkennen von dem, was für Sie sinnvoll oder sinnlos ist.

Die Abschiedsübung:

Sinnvoll leben heißt in der Gegenwart leben, von der Vergangenheit lernen, und in die Zukunft hineinreichen.

In der Gegenwart leben heißt Abschied nehmen von Dingen, die vorüber sind. Sinn kann man nicht auf ewig einfangen. So ist es sogar für alltägliche Dinge der Routine.
John Quirk gibt ein Beispiel aus dem eigenen Leben: Wenn man von der Arbeit nach Hause fährt, kommt der Augenblick, wo sich der Sinn ändert – vom Sinn der Arbeit zum Sinn der Freizeit. Wenn er im Auto nach Hause fährt, hält er am halben Weg in einer Seitenstraße an und meditiert eine Weile. Wenn er sich frei für die Sinnmöglichkeiten des Abends fühlt, fährt er weiter zu Frau und Kindern.
Was sind die Zeitblöcke in Ihrer täglichen Routine, in denen sich die Sinnrichtungen ändern?
Können Sie etwas tun, um sich auf die neuen Sinnmöglichkeiten vorzubereiten?
Wie nehmen Sie Abschied von einer Sinnmöglichkeit, bis die neue beginnt?
Bilden Sie einen Kreis, Hände um die Schultern, und nehmen Sie Abschied von der Gruppe. Sie haben Ihre Vergangenheit – Ihr Tagebuch, Ihre Listen. Sie haben Ihre Zukunft – Ihre Pläne der Sinnmöglichkeiten, der Hoffnungen, der Ziele zur täglichen Sinnfindung.
Nehmen Sie Abschied.

Die „Als-ob“-Methode

(Adaptiert von „Logotherapy: New Help for Problem Drinkers“ Nelson Hall Verlag, von James C. Crumbaugh, William M. Wood, und W. Chadwick Wood)
Die *Als-ob*-Methode kann in fünf Phasen gemeistert werden. Keine Phase dauert mehr als fünf Minuten und nicht mehr als eine Phase soll an einem Tag versucht werden.

Erste Phase: Alleingang
Sie beginnen mit einer Situation, in der Sie sich vollkommen unbedroht fühlen. Fünf Minuten lang bleiben Sie allein, etwa auf einem Spaziergang in einer menschenleeren Gegend. Während dieser fünf Minuten denken, fühlen, und handeln Sie so, als ob Sie die selbstsichere, zuversichtliche Person wären, die Sie sein wollen; die Person, die erfolgeich alles versuchen kann. Wie würde eine solche Person gehen? Wir würde ihre Haltung sein? Wie würde sie ihre Arme schwingen, oder pfeifen? Würde sie auf den Boden schauen oder den Kopf hoch halten? Benehmen Sie sich fünf Minuten lang wie eine solche Person.
Es ist wahrscheinlich, daß Sie diese erste Phase ohne besondere Schwierigkeiten meistern können. Wenn nicht, versuchen Sie es am nächsten Tag nochmal, bis Sie sich sicher fühlen.

Zweite Phase: Mit Unbekannten
Für diese Phase suchen Sie sich einen Ort aus, an dem Sie zwar Menschen treffen, aber nur solche, die Sie nicht kennen – etwa in einem Park.
Wenn Sie einem Fremden begegnen, benehmen Sie sich wieder als die selbstsichere, zuversichtliche Person, die Sie gerne wären. Stellen Sie sich vor, wie sich eine solche Person benehmen würde. Würde sie dem Fremden zunicken? Ihm einen guten Tag wünschen? Würde sie mit ihm sprechen?

Wenn Sie glauben, sie würde es tun, dann tun Sie es. Wenn nicht, dann tun Sie es nicht. Benehmen Sie sich *Als-ob* während fünf Minuten.

Auch in dieser Phase ist es wahrscheinlich, daß keine Schwierigkeiten entstehen. Andernfalls wiederholen Sie dieselbe Übung am nächsten Tag, bis Sie sich dabei wohl fühlen.

Es ist möglich, daß Sie mit dem Fremden gesprochen haben und dieser unfreundlich war. Das mag Sie beunruhigen. Wenn das der Fall ist, wiederholen Sie diese Phase am nächsten Tag. Hat Sie aber die Unfreundlichkeit des Fremden nicht gestört, haben Sie die zweite Phase bereits erfolgreich absolviert. Sie müssen aber sicher sein, daß Sie die Abfuhr wirklich nicht gestört hat, und daß Sie sich selbst nicht etwas einreden.

Dritte Phase: Mit Bekannten

Wenn Sie die zweite Phase zu Ihrer Befriedigung erledigt haben, suchen Sie sich einen Ort aus, an dem Sie flüchtig Bekannte treffen.

Wenn Sie einen solchen Bekannten treffen, benehmen Sie sich wieder fünf Minuten lang *Als-ob.* Wie würde sich eine selbstsichere, zuversichtliche Person in diesem Fall benehmen? Würde sie stehenbleiben und plaudern? Ein paar belanglose Worte wechseln? Tun Sie, was Sie für richtig halten. Fühlen Sie sich dabei ungut, wiederholen Sie diesen Schritt am nächsten Tag, bis Sie diese Phase gemeistert haben.

Vierte Phase: Mit Freunden

Begeben Sie sich nun in eine Situation, wo Sie einem Freund begegnen.

Wenn es ein Freund ist, mit dem Sie sich normalerweise wohl fühlen, werden Sie vielleicht keine Schwierigkeiten haben. Aber Sie riskieren doch etwas, weil Sie sich diesmal anders benehmen, als er es von Ihnen gewohnt ist.

Der Zweck dieser Phase ist es, Leuten, die Sie gut kennen, als

eine neue Persönlichkeit gegenüberzutreten und sie dazu zu bringen, Sie als diese neue Persönlichkeit zu akzeptieren. Das mag ein paar Tage beanspruchen, während Sie bewußt die neue Als-ob-Rolle spielen. Es mag ratsam sein, diese Fünf-Minuten-Übung an einigen Tagen zu wiederholen, teils mit demselben Freund, teils mit einem anderen.
Während dieser Phase werden Sie sehen, daß jede Überraschung, die Ihr Freund zeigt, eine angenehme Überraschung für Sie selbst ist. Wenn Sie nämlich eine mehr positive Einstellung zu sich selbst haben, wird das unbewußt eine ähnliche Einstellung seitens Ihres Freundes zur Folge haben. Und das wieder wird Ihnen mehr Selbstvertrauen einflößen, das sich in Ihrem *Als-ob*-Spielen auswirken wird – und allmählich werden Sie gar nicht mehr *Als-ob* handeln. Ihre Selbstsicherheit ist echt geworden.

Fünfte Phase: Mit „Gegnern"
In dieser letzten Phase suchen Sie Kontakt (wieder für fünf Minuten) mit jemandem, den Sie als Drohung empfinden, mit dem Sie Schwierigkeiten oder Konflikte haben. Wieder benehmen Sie sich so zuversichtlich und selbstsicher, wie Sie es unter freundlicheren Verhältnissen gelernt haben. Denken, fühlen und benehmen Sie sich so, wie Sie sein möchten.
Wenn das gelingt, haben Sie mehr als eine Übung erfolgreich beendet; sie haben gelernt, Selbstvertrauen zu gewinnen, während Sie andern gegenüberstehen, und es dazu zu benützen, menschliche Beziehungen aufzubauen.
Die letzte Phase mag mehrere Tage erfordern, bevor Sie sich wirklich sicher fühlen. Es ist jedoch möglich, daß dies gleich beim ersten Versuch gelingt. Aber auch in diesem Fall sollten Sie diese Phase wenigstens einmal wiederholen, um sicher zu sein, daß das Gefühl echt ist. Es ist auch möglich, daß später einmal unter erschwerenden Umständen Ihr Selbstbewußtsein wieder ins Wanken gerät. Dann mag es ratsam sein, die ganze Prozedur wieder von vorne anzufangen.

Werte-Versteigerung

(Die folgende Übung wurde von der Logotherapeutin Dr. Mignon Eisenberg in Chicago für ihre Gruppen entwikkelt)

Jeder Teilnehmer hat 10000 DM zur Verfügung. Das Geld kann nur in der Versteigerung verwendet werden. Was übrigbleibt, ist wertlos. Jedes Angebot beginnt mit 100 DM und kann nur um 100 oder 200 DM für jedes einzelne Angebot erhöht werden. Höchstpreis für jeden Posten ist 4000 DM. Sehen Sie sich die Liste durch und machen Sie einen Voranschlag – was Sie ersteigern wollen und wie hoch Sie gehen wollen. Diese Voranschläge sind aber nicht bindend. Sie können während der Versteigerung auch spontan andere Entscheidungen treffen.

Der Gruppenleiter leitet die Versteigerung. Er ist wie das Schicksal. Er kann ungerecht sein, sich irren, ein Angebot überhören oder eine – für Sie – nachteilige Entscheidung treffen, wenn z. B. zwei Angebote gleichzeitig gemacht werden. Sie müssen diese Entscheidungen annehmen, es gibt keinen Einspruch.

Werte	*Voranschlag*	*Tatsächliches Angebot*
1. Eine gute Ehe	________	________
2. Freiheit zu tun, was Sie wollen	________	________
3. Eine Chance, ein Land zu regieren	________	________
4. Liebe und Bewunderung von Freunden	________	________
5. Unbegrenzte Möglichkeiten zu reisen	________	________
6. Selbstvertrauen und eine positive Einstellung	________	________
7. Eine glückliche Familie	________	________

8. Anerkennung als eine bewundernswerte Person ________ ________
9. Ein langes und gesundes Leben ________ ________
10. Eine komplette Bibliothek für Ihren Eigenbedarf ________ ________
11. Einen Glauben, der Sie ganz ausfüllt und zufrieden macht ________ ________
12. Einen Monat Urlaub, nur zum Vergnügen ________ ________
13. Lebenslange finanzielle Sicherheit ________ ________
14. Ein schönes Heim in einer herrlichen Gegend ________ ________
15. Eine Welt ohne Vorurteile ________ ________
16. Eine Welt ohne Krankheit und Armut. ________ ________
17. Internationalen Ruhm und Popularität ________ ________
18. Den Sinn des Lebens verstehen ________ ________
19. Eine Welt ohne Korruption, Lüge und Betrug ________ ________
20. Freiheit in Ihrem Arbeitsbereich ________ ________
21. Eine wirklich gute Liebesbeziehung ________ ________
22. Erfolg in Ihrem beruflichen Werdegang ________ ________

Mögliche Fragen nach der Versteigerung

Sind Sie zufrieden mit dem, was Sie bekommen haben?
Warum wollten Sie das, was Sie ersteigert haben?
Wie ist es im wirklichen Leben?
Hat Sie etwas überrascht?
Haben Sie realistische Erwartungen?
Wie benehmen Sie sich, wenn Sie nicht bekommen, was Sie wollen?
Sind Sie böse auf die anderen, die bekamen, was Sie wollten?

Sind Sie böse auf der Leiter der Versteigerung (das Schicksal)?

Würden Sie im wirklichen Leben Anstrengungen machen, das zu erreichen, was Sie hier im Spiel erreicht haben?

Haben Sie Ihr ganzes Geld ausgegeben? Wenn nicht, warum? Sparen Sie sich selbst auf? Wofür?

Hätten Sie mehr Geld haben wollen? Was waren Ihre Gefühle, als Sie nicht genug hatten?

Haben Sie Ihr Geld rasch ausgegeben, und waren Sie nachher frustriert, als Sie keines mehr hatten?

Haben Sie Ihren Voranschlag eingehalten oder spontan anders geboten?

Sind Sie angriffslustig? Ihrer selbst sicher? Bekamen Sie meist, was Sie wollten?

Wie stark waren Ihre Bemühungen, das zu bekommen, was Sie wollten?

Haben Sie gut geplant? Wie flexibel sind Sie?

Was haben Sie über sich selbst gelernt? Über andere Leute?

Fragebogen

(Mit freundlicher Genehmigung von Frau Dr. Mignon Eisenberg, Logotherapeutin in Chicago)

Name ______________________ Alter __________

Adresse ______________________ Telephon __________

Kreuzen Sie an: Unverheiratet ___ Verheiratet ___

Getrennt ___ Geschieden ___ Verwitwet ___

Wie oft verheiratet? ______________________

Kinder: Keine ___ Alter der Jungen ___ Alter der Mädchen ___

Schulbildung ______________________

Alter der älteren Brüder ______ der älteren Schwestern ______

Alter der jüngeren Brüder ______ der jüngeren Schwestern ______

Gesundheitszustand des Vaters ________ der Mutter ________

Falls sie nicht mehr leben, geben Sie Jahr und Ursache des Todes an

____

Beschreiben Sie Ihren Vater ______________________

____

Beschreiben Sie Ihre Mutter ______________________

____

Beschreiben Sie sich selbst ______________________

____

Welchen Berufswunsch hatten Sie als Kind? ______________

Welchen Berufswunsch hatte Ihr Vater für Sie? ______________

Welchen Berufswunsch hatte Ihre Mutter für Sie? ______________

Was war der Lieblingsrat, den Ihnen Ihr Vater gab? ______________

____

Was war der Lieblingsrat, den Ihnen Ihre Mutter gab? ______________

____

Was war Ihr Kosename, als Sie klein waren? ______________

Welches waren Ihre Lieblingsspiele, bevor Sie neun waren? ________

____

Welches sind Ihre frühesten Erinnerungen? ______________

____

Welches waren Ihre Lieblingsgeschichten, Märchen, Bücher, Gedichte, Radio oder Fernsehprogramme? ________________

____

Wovon handelten diese? ________________________________

Was war der häufigste Ausspruch Ihres Vaters? ______________

____

Der häufigste Ausspruch Ihrer Mutter? ___________________

____

Wenn alles gut geht, wie wird Ihr Leben in fünf Jahren aussehen? ________________________________

____

Wenn alles schlecht geht, wie wird Ihr Leben in fünf Jahren aussehen? ________________________________

Was macht Sie glücklich, geliebt, erfolgreich und lebensfroh? ____

____

Was macht Sie unglücklich, ungeliebt, erfolgslos und mißmutig? __

____

Wenn Sie etwas an sich selbst durch einen Wunsch ändern könnten, was würden Sie sich wünschen? ______________

____

Welcher berühmten Persönlichkeit würden Sie gerne ähneln? ____

____

Was ist das Beste, was Ihnen bisher widerfahren ist? _________

____

Was ist das Schlimmste, das Ihnen widerfahren ist? __________

____

Wie viele Jahre glauben Sie, daß Sie noch leben werden? _______

Was hoffen Sie, durch diese Therapiegruppe zu erreichen? ______

____

Was möchten Sie am liebsten über sich selbst erfahren? _______

____

Mit wem geraten Sie am häufigsten in Streit? _______________

____

Worüber streiten Sie gewöhnlich? ____________________

____

Welches ist Ihr Lieblingslied? ____________________

Was ist das schönste Wort, das Sie kennen? ____________________

Welches ist das häßlichste? ____________________

Was ist der beste Rat, den Sie Ihren Kindern gegeben haben? ______

____

Was werden Ihre Freunde an Ihrem Begräbnis sagen? __________

____

Wenn man einen Film über Sie drehen würde, was wäre der Titel? ____________________

Zu wem sind Sie gegangen, wenn Sie als Kind Schwierigkeiten hatten? ____________________

Als Sie klein waren, worüber sprach die Familie am Eßtisch? ______

____

Worüber fühlen Sie sich heute am meisten glücklich? __________

____

Am meisten unglücklich? ____________________

Was ist gut gegangen in Ihrem Leben? ____________________

____

Was ist schiefgegangen? ____________________

Welche Gefühle haben Sie jetzt, wenn Sie diesen Fragebogen ausfüllen? ____________________

Zwei Tests, mit denen Sie Ihre Sinnorientierung prüfen können

Die beiden hier angeführten Tests wurden von dem amerikanischen Logotherapeuten James C. Crumbaugh entwickelt und werden in Amerika weithin angewandt. Das englische Original mit den Anwendungsregeln ist erhältlich bei: *Psychometric Associates,* P.O.Box 3167, Munster, Indiana 46321, USA.

Der PIL (Purpose in Life) Test gibt Ihnen Aufschluß über Ihre gegenwärtige Fähigkeit, Sinn zu finden. Der SONG (Seeking of Noetic Goals) Test zeigt Ihnen, wieweit Sie motiviert sind, Sinn in Ihrem Leben zu finden. Personen, deren Punktzahl hoch im SONG und niedrig im PIL Test liegt, werden am meisten von den Übungen dieses Buches profitieren, weil sie gegenwärtig wenig Sinn in ihrem Leben sehen, aber motiviert sind, ihn zu suchen.

Der Zweck-im-Leben Test *(Purpose in Life – PIL)*

Anweisung: Für jede der folgenden 20 Aussagen kreisen Sie bitte die Nummer ein, die Ihrem gegenwärtigen Empfinden entspricht. Vermeiden Sie möglichst die neutrale Nummer 4. Wenn Sie alle Fragen beantwortet haben, addieren Sie die von Ihnen eingekreisten Nummern (achten Sie darauf, daß es wirklich 20 sind). Ergibt sich eine Summe von 96 oder weniger, fehlt es Ihnen an Sinnorientierung. Haben Sie 112 oder mehr, ist Ihre Sinnorientierung gut.

1. Ich bin meistens

1	2	3	4	5	6	7
völlig gelangweilt				sehr gut gelaunt und enthusiastisch		

2. Mir erscheint das Leben:

1	2	3	4	5	6	7
als völlig routine-mäßig				immer aufregend		

3. Ich habe im Leben:

1	2	3	4	5	6	7

überhaupt keine Ziele — sehr klare und deutliche Ziele

4. Meine persönliche Existenz ist:

1	2	3	4	5	6	7

völlig bedeutungslos, ohne Sinn — sehr sinnvoll und bedeutungsvoll

5. Jeder Tag ist:

1	2	3	4	5	6	7

genau das gleiche — ständig neu und anders

6. Wenn ich wählen könnte, würde ich es vorziehen:

1	2	3	4	5	6	7

nie geboren worden zu sein — noch weitere 9 Leben zu haben, so wie dieses

7. Wenn ich im Ruhestand bin, würde ich den Rest meines Lebens:

1	2	3	4	5	6	7

völlig vertrödeln — einige der aufregenden Dinge tun, die ich immer schon tun wollte

8. Beim Erreichen von Lebenszielen:

1	2	3	4	5	6	7

habe ich überhaupt keinen Fortschritt gemacht — bin ich zur völligen Erfüllung fortgeschritten

9. Mein Leben:

1	2	3	4	5	6	7

ist leer, nur von Verzweiflung gefüllt — strömt über von aufregenden guten Dingen

10. Wenn ich heute sterben sollte, würde ich das Gefühl haben, daß mein Leben:

1	2	3	4	5	6	7

völlig wertlos gewesen war — sehr lebenswert gewesen ist

11. Wenn ich über mein Leben nachdenke:

1	2	3	4	5	6	7

frage ich mich oft, warum ich überhaupt existiere — sehe ich immer einen Grund für mein Dasein

12. Wenn ich die Welt in bezug auf mein Leben betrachte:

1	2	3	4	5	6	7

verwirrt mich die Welt völlig — paßt sie bedeutungsvoll mit meinem Leben zusammen

13. Ich bin

1	2	3	4	5	6	7

sehr verantwortungslos — sehr verantwortungsvoll

14. Was die Freiheit des Menschen, seine eigenen Entscheidungen zu treffen anbelangt, glaube ich, daß der Mensch:

1	2	3	4	5	6	7

völlig durch die Grenzen von Abstammung und Umwelt gebunden ist — völlig frei ist, um alle Lebensentscheidungen zu treffen

15. Was den Tod anbelangt:

1	2	3	4	5	6	7

bin ich unvorbereitet und habe Angst — bin ich vorbereitet und habe keine Angst

16. Was Selstmord anbelangt:

1	2	3	4	5	6	7

habe ich ihn ernsthaft als Ausweg in Erwägung gezogen — habe ich nie ernsthaft daran gedacht

17. Ich betrachte meine Fähigkeit, im Leben einen Sinn, ein Ziel oder einen Auftrag zu finden:

1	2	3	4	5	6	7

als gleich null — sehr groß

18. Mein Leben:

1	2	3	4	5	6	7

ist nicht in meinen Händen und von Mächten außerhalb kontrolliert — ist in meinen Händen und ich habe Kontrolle darüber

19. Das Verrichten meiner täglichen Aufgaben:

1	2	3	4	5	6	7

ist ein schmerzhaftes und langweiliges Erlebnis — ist eine Quelle von Vergnügen und Befriedigung

20. Ich habe in meinem Leben:

1	2	3	4	5	6	7

keinen Auftrag und Zweck entdeckt — klar umrissene Ziele und einen befriedigenden Lebenszweck entdeckt

Ein Test, der zeigt, wie weit Sie motiviert sind, Sinn zu suchen

(SONG test – „Seeking of Noetic Goals“)

Geben Sie jeder Frage eine Nummer von 1 bis 7. Nummer 1 bedeutet „nie“, 2 „selten“, 3 „von Zeit zu Zeit“, 4 „manchmal“, 5 „oft“, 6 „sehr oft“, und 7 „immerfort“. Addieren Sie alle 20 Nummern. Wenn das Resultat unter 73 ist, sind Sie nicht sehr stark motiviert; ist es über 85, sind Sie gut motiviert.

A) Ich denke an einen tiefen Lebenssinn.
B) Ich habe das Gefühl, daß ich dazu bestimmt bin, etwas Wichtiges zu erreichen, weiß aber nicht, was es sein könnte.
C) Ich beginne neue Tätigkeiten oder Interessen, aber sie verlieren bald ihren Reiz.
D) Mein Leben entbehrt irgend etwas, aber ich weiß nicht recht was.
E) Ich bin ruhelos.
F) Ich glaube, die größte Erfüllung meines Lebens liegt in der Zukunft.
G) Ich hoffe, daß wirklich etwas Anregendes sich in der Zukunft ereignen wird.
H) In meiner Phantasie sehe ich neue Möglichkeiten für mich.
I) Ich spüre das Fehlen von Sinn und Zweck in meinem Leben.
J) Ich denke daran, etwas neues und anderes zu erreichen.
K) Es scheint mir, mein Hauptziel im Leben ändert sich.
L) Das Mysterium des Lebens ist rätselhaft und irritierend.
M) Ich glaube, ich sollte nochmals von vorne anfangen können.
N) Bevor ich ein Ziel erreiche, beginne ich mit etwas anderem.
O) Ich brauche etwas, dem ich mich widmen kann.
P) In meinem ganzen Leben wollte ich immer wieder „mich selbst finden“.
Q) Manchmal glaubte ich, ich hätte gefunden, was ich suchte, aber es entglitt mir.
R) Ich bin mir bewußt, daß ein starker Zweck mich ruft, dem ich mein Leben widmen kann.
S) Ich habe das Gefühl, daß ich keine befriedigende Aufgabe im Leben habe.
T) Ich habe das Gefühl, etwas Außergewöhnliches zu erreichen.

Streßbewertungsskala

Diese Skala dient der Überprüfung der eigenen Lebensführung. Es ist ratsam, darauf zu achten, daß man nie mehr als 150 Streßpunkte auf einmal erreicht. Daher ist es zum Beispiel sinnvoll, sich unmittelbar nach dem Tod des Ehepartners keinen zusätzlichen Belastungen auszusetzen wie Umzug oder Arbeitsplatzwechsel.

Streßvolles Ereignis	*Streßpunkte*
Tod des Ehepartners	100
Scheidung	73
Trennung vom Ehepartner (vor der eventuellen Scheidung)	63
Gefängnisstrafe	63
Tod eines nahen Familienmitgliedes	63
Krankheit oder Unfall	53
Heirat	50
Verlust der Arbeitsstelle	47
Versöhnung nach drohender Scheidung	45
Pensionierung	45
Krankheit eines Familienmitgliedes	44
Schwangerschaft	40
Sexuelle Schwierigkeiten	39
Ein neues Familienmitglied	39
Geschäftliche Veränderung	39
Finanzielle Veränderung	38
Tod eines nahen Freundes	37
Berufswechsel	36
Änderung in der Intensität der Streitigkeiten mit dem Ehepartner	35
Schulden von mehr als 25 000 DM	31
Änderung in der Verantwortung am Arbeitsplatz	29
Aus dem Haus Gehen von Sohn oder Tochter	29
Schwierigkeiten mit der Familie des Ehepartners	29
Besonderer persönlicher Erfolg	28
Ehefrau beginnt oder hört auf zu arbeiten	26
Beginn oder Ende des Schuljahres	26
Veränderung der Wohnverhältnisse	26
Änderung der persönlichen Gewohnheiten	24
Schwierigkeiten mit dem Chef	23
Veränderung der Arbeitszeit oder Arbeitsbedingungen	20
Umzug	20
Schulwechsel	20
Änderung in der Freizeitgestaltung	19
Änderung im Verhältnis zur Kirche	19
Veränderung im sozialen Umgang	18
Schulden von weniger als 25 000 DM	17
Veränderung im familiären Zusammenhalt	15
Änderung der Schlafgewohnheiten	15
Änderung der Eßgewohnheiten	15
Ferien	13
Weihnachten	12
Kleinere Gesetzesübertretungen	11

Weiterführende Literatur

I. Bücher

Böckmann, Walter: Sinn-orientierte Leistungsmotivation und Mitarbeiterführung. Ein Beitrag der Humanistischen Psychologie, insbesondere der Logotherapie nach Viktor E. Frankl, zum Sinn-Problem der Arbeit. Enke, Stuttgart 1980.

– Heilen zwischen Magie und Maschinenzeitalter. Ein Beitrag der Humanistischen Psychologie, insbesondere der Logotherapie nach Viktor E. Frankl, zum Phänomen des Heilens. littera produktion bielefeld 1981.

Bösch, Detmar: Friedenspädagogik im Unterricht. Theorie und Praxis der Logotherapie Viktor E. Frankls und ihre Bedeutung für unterrichtliches Planen und Handeln. Universität Oldenburg (Zentrum für psychologische Berufspraxis), Oldenburg 1982.

Böschemeyer, Uwe: Die Sinnfrage in Psychotherapie und Theologie. Die Existenzanalyse und Logotherapie Viktor E. Frankls aus theologischer Sicht. Walter de Gruyter, Berlin – New York 1977.

Bulka, Reuven P.: The Quest for Ultimate Meaning. Principles and Applications of Logotherapy. Which a Foreword by Viktor E. Frankl. Philosophical Library, New York 1979.

–, Joseph B. Fabry und William S. Sahakian: Logotherapy in Action. Foreword by Viktor E. Frankl. Aronson, New York 1979.

Crumbaugh, James C.: Everything to Gain. A. Guide to Self-fulfillment Through Logoanalysis. Nelson-Hall, Chicago 1973.

–, William M. Wood und W. Chadwick Wood: Logotherapy. New Help for Problem Drinkers. Foreword by Viktor E. Frankl. Nelson-Hall, Chicago 1980.

Dienelt, Karl: Erziehung zur Verantwortlichkeit. Die Existenzanalyse V. E. Frankls und ihre Bedeutung für die Erziehung. Österreichischer Bundesverlag, Wien 1955.

– Von Freud zu Frankl. Österreichischer Bundesverlag, Wien 1967.

– Von der Psychoanalyse zur Logotherapie. Uni-Taschenbücher 227, Ernst Reinhardt, München – Basel 1973.

Fabry, Joseph B.: Das Ringen um Sinn. Eine Einführung in die Logotherapie. Herder, Freiburg im Breisgau, 3 Auflagen, 1973–1980.

– The Pursuit of Meaning. Viktor E. Frankl, Logotherapy and Life. Preface by Victor E. Frankl. Harper & Row, New York, 6 Auflagen, 1968 bis 1980.

Fizzotti, Eugenio: La logoterapia di Frankl. Un antidoto alla disumanizzazione psicanalitica. Rizzoli Editore, Milano 1974.

– Da Freud a Frankl. Interrogantes sobre el vacio existencial. Ediciones Universidad de Navarra, Pamplona, 2 Auflagen, 1978–81.

– Angoscia e personalita. L'antropologia in Viktor E. Frankl. Edizioni Dehoniane, Napoli 1980.

Frankl Viktor E.: Ärztliche Seelsorge. Grundlagen der Logotherapie und Existenzanalyse. Franz Deuticke, Wien, und Fischer (Taschenbuch 42157), Frankfurt am Main, 12 Auflagen, 1946–1983.

– Die Psychotherapie in der Praxis. Eine kasuistische Einführung für Ärzte. Franz Deuticke, 4 Auflagen, Wien 1947–1982.

– Der unbewußte Gott. Psychotherapie und Religion. Kösel-Verlag, München, 5 Auflagen 1948–1979.
– Theorie und Therapie der Neurosen. Einführung in Logotherapie und Existenzanalyse. Uni-Taschenbücher 457, Ernst Reinhardt, München – Basel, 5 Auflagen, 1956–1983.
– Psychotherapie für den Laien, Rundfunkvorträge über Seelenheilkunde. Herder, Freiburg im Breisgau, 10 Auflagen, 1971–1983 (Psychotherapie für jedermann).
– Der Wille zum Sinn. Ausgewählte Vorträge über Logotherapie. Hans Huber, Bern – Stuttgart – Wien, 3 Auflagen, 1972–1982.
– Anthropologische Grundlagen der Psychotherapie. Hans Huber, Bern – Stuttgart – Wien 1975.
– Das Leiden am sinnlosen Leben. Psychotherapie für heute. Herder, Freiburg im Breisgau, 8 Auflagen, 1977–1984.
– ... trotzdem ja zum Leben sagen. Ein Psychologe erlebt das Konzentrationslager. Kösel-Verlag und dtv 10023, München, 8 Auflagen, 1977–1983 (eine Sonderausgabe für den Deutschunterricht an japanischen Schulen erschien in Tokyo).
– Der Mensch vor der Frage nach dem Sinn. Eine Auswahl aus dem Gesamtwerk. Vorwort von Konrad Lorenz. Piper, München, 3 Auflagen, 1979–1982.
– Die Sinnfrage in der Psychotherapie. Vorwort von Franz Kreuzer. Serie Piper 214, München 1981.
– The Doctor and the Soul. From Psychotherapy to Logotherapy. Alfred A. Knopf, New York, und Souvenir Press, London, 17 Auflagen, 1955–1978.
– Man's Search for Meaning. An Introduction to Logotherapy. Simon and Schuster, New York, Hodder and Stoughton, Caves Book Co., Taipei Taiwan China, und Allahabad Saint Paul Society, India, 69 Auflagen, 1963–1980.
– Psychotherapy and Existentialism. Selected Papers on Logotherapy. Simon and Schuster, New York, und Souvenir Press, London, 10 Auflagen, 1967–1978.
– The Will to Meaning. Foundations and Applications of Logotherapy. New American Library, New York, London und Scarborough, 7 Auflagen, 1969–1981.
– The Unconscious God. Psychotherapy and Theology. Simon and Schuster, New York, und Hodder and Stoughton, London, 6 Auflagen, 1975–1978.
– The Unheard Cry for Meaning. Psychotherapy and Humanism. Simon and Schuster, New York, und Hodder and Stoughton, London, 4 Auflagen, 1978–1979.
–, Josef Pieper u. Helmut Schoeck: Altes Ethos – neues Tabu. Adamas, Köln 1974.
–, Paul Tournier, Harry Levinson, Helmut Thielicke, Paul Lehmann und Samuel H. Miller: Are You Nobody? John Knox Press, Richmond, Virginia, 4 Auflagen, 1966–1971.
Kreuzer, Franz: Im Anfang war der Sinn. Von der Psychoanalyse zur Logotherapie. Franz Deuticke, Wien 1982.
Leslie, Robert C.: Jesus and Logotherapy. The Ministry of Jesus as Interpreted Through the Psychotherapy of Viktor Frankl. Abingdon Press, New York-Nashville, 2 Auflagen, 1965–1968.

Lukas, Elisabeth: Auch dein Leben hat Sinn. Logotherapeutische Wege zur Gesundung. Herder, Freiburg im Breisgau 1980.
– Auch deine Familie braucht Sinn. Logotherapeutische Hilfen in Ehe und Erziehung. Herder, Freiburg im Breisgau 1981.
– Auch dein Leiden hat Sinn. Logotherapeutischer Trost in der Krise. Herder, Freiburg im Breisgau 1981.
– Von der Tiefen- zur Höhenpsychologie. Logotherapie in der Beratungspraxis. Herder, Freiburg im Breisgau 1983.
Polak, Paul: Frankls Existenzanalyse in ihrer Bedeutung für Anthropologie und Psychotherapie. Tyrolia-Verlag, Innsbruck – Wien 1949 (vergriffen).
Takashima, Hiroshi: Psychosomatic Medicine und Logotherapy. Foreword by Victor E. Frankl. Dabor Science Publications, Oceanside, New York 1977.
Tweedie, Donald F.: Logotherapy and the Christian Faith. An Evaluation of Frankl's Existential Approach to Psychotherapy. Preface by Victor E. Frankl. Baker Book House, Grand Rapids, Michigan, 3 Auflagen, 1961–1972.
– The Christian and the Couch. An Introduction to Christian Logotherapy. Baker Book House, Grand Rapids, Michigan 1963.
Ungersma, Aaron J.: The Search for Meaning. Foreword by Viktor E. Frankl. Westminster Press, Philadelphia, 2 Auflagen, 1961–1968.
Wawrytko, Sandra A.: Analecta Frankliana. The Proceedings of the First World Congress of Logotherapy (1980). Berkeley, Institute of Logotherapy Press, 1982.

II. Buchkapitel

Ascher, L. Michael: Paradoxial Intention. An Experimental Investigation, in: Handbook of Behavioral Interventions. Hrsg. von A. Goldstein und E. B. Foa. John Wiley, New York 1980.
Crumbaugh, James C., und Leonard T. Maholick: Eine experimentelle Untersuchung im Bereich der Existenzanalyse. Ein psychometrischer Ansatz zu Viktor Fankls Konzept der „noogenen Neurose", in: Die Sinnfrage in der Psychotherapie. Hrsg. von Nikolaus Petrilowitsch. Wissenschaftliche Buchgesellschaft, Darmstadt 1972.
Frankl, Viktor E.: Der Pluralismus der Wissenschaften und das Menschliche im Menschen, in: Das neue Menschenbild. Die Revolutionierung der Wissenschaften vom Leben. Ein internationales Symposium, hrsg. von Arthur Koestler und J. R. Smythies. Fritz Molden, Wien – München – Zürich 1970.
– Paradoxien des Glücks. Am Modell der Sexualneurose, in: Was ist Glück? Ein Symposion. dtv-Taschenbücher 1134, dtv-Verlag, München 1976.
– Der Mensch vor der Frage nach dem Sinn. Empirische und klinische Befunde, in: Glaube und Wissen. Symposion unter der Patronanz der Bayerischen Akademie der Wissenschaften. Hrsg. von Hans Huber und Oskar Schatz. Herder, Wien – Freiburg – Basel 1980.
– Die Frage nach dem Sinn, in: Glauben als Bedürfnis: Beiträge zum menschlichen Selbstverständnis. Hrsg. von Johannes Schlemmer, Ullstein, Frankfurt – Berlin – Wien 1980.
– In: Es liegt an uns. Gespräche auf der Suche nach Sinn. Hrsg. von Ulrich Hommes. Herder, Freiburg – Basel – Wien 1980.
– Opening Address to the First World Congress of Logotherapy on Its Way to Degurufication, in: Analecta Frankliana. The Proceedings of the First

World Congress of Logotherapy (1980), Sandra A. Wawrytko, ed. Berkeley, Institute of Logotherapy Press, 1982.
Kocourek, Kurt, Eva Niebauer und Paul Polak: Ergebnisse der klinischen Anwendung der Logotherapie, in: Handbuch der Neurosenlehre und Psychotherapie. Hrsg. von Viktor E. Frankl, Victor E. v. Gebsattel und J. H. Schultz, Band III. Urban & Schwarzenberg, München – Berlin 1959.
Korger, Matthias E., und Paul Polak: Der geistesgeschichtliche Ort der Existenzanalyse, in: Handbuch der Neurosenlehre und Psychotherapie, Hrsg. von Viktor E. Frankl, Victor E. v. Gebsattel und J. H. Schultz, Band III. Urban & Schwarzenberg, München – Berlin 1959.
Misiak, Henry, und Virginia Staudt Sexton: Phenomenological, Existential, and Humanistic Psychologies. A Historical Survey, Grune & Stratton, New York 1973 (Kapitel „Logotherapy").
Polak, Paul: Zum Problem der noogenen Neurose, in: Handbuch der Neurosenlehre und Psychotherapie. Hrsg. von Viktor E. Frankl, Victor E. v. Gebsattel und J. H. Schultz, Band II. Urban & Schwarzenberg. München – Berlin 1959.
Sahakian, William S.: History of Psychology. Peacock, Itasca 1968 (Kapitel „Viktor Frankl").
– History and Systems of Psychology. John Wiley & Sons, Inc., New York 1975 (Kapitel „Logotherapy: The Will to Meaning").
Schaff, Adam: Entfremdung als soziales Phänomen. Europaverlag, Wien 1977 (Kapitel „Das existentielle Vakuum").
Spiegelberg, Herbert: Phenomenology in Psychology and Psychiatry, Northwestern University Press, Evanston 1972 (Kapitel „Viktor E. Frankel: Phenomenology in Logotherapy and Existenzanalyse").
Thielicke, Helmut: Mensch sein – Mensch werden. Entwurf einer christlichen Anthropologie. Piper, München 1976 (Kapitel „Der Mensch in Auseinandersetzung mit dem Unbewußten: Freud, Frankl").
Weeks, Gerald R., and Luciano L'Abate: Research on Paradoxial Intention, in: Paradoxical Psychotherapy, Brunner/Mazel, New York 1982.
Wimmer, Kurt: Viktor Frankl, in: Oesterreicher, die der Welt gehören. Mobil Oil Austria, Wien 1979.
Yalom, Irvin D.: Existential Psychotherapy. Basic Books, New York 1980 (Kapitel „The Contributions of Vikto Frankl" and „Dereflection").

III. Zeitschriftenartikel

Ansbacher, Rowena R.: The Third Viennese School of Psychotherapy. Journal of Individual Psychology 15, 236, 1959.
Ascher, L. Michael: Employing Paradoxial Intention in the Behavio Treatment. Scandinavian Journal of Behavior Therapy 6, 28, 1977.
– Paradoxical Intention Viewed by a Behavior Therapist. The International Forum for Logotherapy 3, 13–16, 1980.
– and Jay S. Efran: Use of Paradoxical Intention in a Behavior Program. Journal of Consulting and Clinical Psychology 46, 547, 1978.
– and Ralph M. Turner: Paradoxical intention and insomnia: an experimental investigation. Behav. Res. & Therapy 17, 408, 1979.
Fabry, Joseph: Aspects and Prospects of Logotherapy: A Dialogue with Viktor Frankl. The International Forum for Logotherapy 1, 3, 1978.

Frankl, Viktor E.: Zur mimischen Bejahung und Verneinung. Internationale Zeitschrift für Psychoanalyse 10, 437, 1924.
- Psychotherapie und Weltanschauung. Internationale Zeitschrift für Individualpsychologie 3, 250, 1925.
- Zur geistigen Problematik der Psychotherapie. Zentralblatt für Psychotherapie 10, 33, 1938.
- Philosophie und Psychotherapie. Zur Grundlegung einer Existenzanalyse. Schweizerische medizinische Wochenschsrift 69, 707, 1939.
- The Concept of Man in Psychotherapy. Proceedings of the Royal Society of Medicine 47, 975, 1954.
- On Logotherapy and Existential Analysis. American Journal of Psychoanalysis 18, 28, 1958.
- The Feeling of Meaninglessness: A Challenge to Psychotherapy. The American Journal of Psychoanalysis 32, Nr. 1, 85, 1972.
- Encounter: The Concept and Its Vulgarization. The Journal of the American Academy of Psychoanalysis 1, Nr. 1, 73, 1973.
- Leiden am sinnlosen Leben: Zur Phänomenologie des existentiellen Vakuums. Schweizerische Akademiker- und Studenten-Zeitung 7, Nr. 50, 7–9, Juli 1976.
- „Der junge Mensch auf der Suche nach Sinn." Schweizerische Akademiker- und Studentenzeitung, Nr. 76, 11. Jahrgang, S. 5, 7. April 1980.
- Psychotherapy on Its Way to Rehumanization. The International Forum for Logotherapy 3, 3–9, 1980.
- Psychologisierung oder Humanisierung der Medizin? Zeitschrift für Allgemeinmedizin 58, 70–76, 1982.

Gerz, Hans O.: Zur Behandlung phobischer und zwangsneurotischer Syndrome mit der „paradoxen Intention" nach Frankl. Zeitschrift für Psychotherapie und medizinische Psychologie 12, 145, 1962.
- Über 7jährige klinische Erfahrungen mit der logotherapeutischen Technik der paradoxen Intention. Zeitschrift für Psychotherapie und medizinische Psychologie 16, 25, 1966.

Giorgi, Bruno: The Belfast Test: A New Psychometric Approach to Logotherapy. The International Forum for Logotherapy 5, 31–37, 1982.

Lukas, Elisabeth: Menschenbild und Methoden der Frankl'schen Logotherapie. Fortschritte der Neurologie und Psychiatrie 49, 113, 1981.

Popielski, Kazimierz: Karol Wojtyla and Logotherapy. The International Forum for Logotherapy 3, 36–37, 1980.

Relinger, Helmut, Philip H. Bornstein, and Dan M. Mungas: Treatment of Insomnia by Paradoxical Intention: A Time-Series Analysis. Behavior Therapy 9, 955, 1978.

Solyom, L., Garza-Perez, J., Ledwige, B. L., and Solyom, C.: Paradoxical Intention in the Treatment of Obsessive Thoughts: A Pilot Study, Comprehensive Psychiatry 13, 291, 1972.

Soucek, W.: Die Existenzanalyse Frankls, die dritte Richtung der Wiener Psychotherapeutischen Schule. Deutsche Medizinische Wochenschrift 73, 394, 1948.

Turner, Ralph M., and Michael L. Ascher: Controlled Comparison of Progressive Relaxation, Stimulus Control, and Paradoxical Intention Therapies. Journal of Consulting and Clinical Psychology 47, 500, 1979.